中国人文之旅

北京

宣庆坤　吴　涛　编著

时代出版传媒股份有限公司
安徽科学技术出版社

图书在版编目(CIP)数据

中国人文之旅.北京 / 宣庆坤,吴涛编著.--合肥:安徽科学技术出版社,2016.10(2024.3 重印)
ISBN 978-7-5337-6860-7

Ⅰ.①中… Ⅱ.①宣…②吴… Ⅲ.①旅游指南-北京市 Ⅳ.①K928.9

中国版本图书馆 CIP 数据核字(2015)第 306567 号

ZHONGGUO RENWEN ZHI LU BEIJING
中国人文之旅 北京

宣庆坤 吴 涛 编著

出 版 人：王筱文　　　选题策划：王 勇　　　责任编辑：王 勇
责任校对：吴晓晴　　　责任印制：梁东兵　　　封面设计：数码创意
出版发行：安徽科学技术出版社　　　http://www.ahstp.net
　　　　　(合肥市政务文化新区翡翠路 1118 号出版传媒广场,邮编：230071)
　　　　　电话：(0551)63533330
印　　制：永清县晔盛亚胶印有限公司　　　电话：(0316)6658662
(如发现印装质量问题,影响阅读,请与印刷厂商联系调换)

开本：710×1010　1/16　　　印张：19　　　字数：364 千
版次：2016 年 10 月第 1 版　　2024 年 3 月第 2 次印刷

ISBN 978-7-5337-6860-7　　　　　　　　定价：88.00 元

北京，中国的首都，一座既古典又现代的东方名城。古典在于其2000多年的建城史、800多年的建都史和灿烂文化，现代在于SOHO的现代城、国家大剧院、国家体育场、国家游泳中心和三里屯酒吧街。

北京，这座拥有众多历史名胜古迹和人文景观的文化名城，在从燕国起的2000多年里，就建造了许多宏伟壮丽的宫廷建筑，使其成为中国拥有皇家园林、王宫殿、庙坛和陵墓数量最多、内容最为丰富的城市。北京拥有6项世界文化遗产，是世界上拥有文化遗产项目数最多的城市；有世界上最大的皇宫——紫禁城（故宫）、北海——皇家花园、天坛——祭天神庙、颐和园——皇家园林，还有八达岭、慕田峪长城以及世界上最大的四合院——恭王府、明十三陵等名胜古迹；当然也少不了每个中国人无比熟悉的天安门广场、人民大会堂、人民英雄纪念碑，以及北京奥运会上举世瞩目的国家体育场、国家游泳中心，还有国家大剧院，等等。

探访北京，首先要寻访故宫里古代帝王的生活。那厚重的围墙里包裹着许多鲜为人知的宫廷故事，古代帝王的故事就隐藏在曾经的辉煌中，等待你的探寻；逛胡同，体验老北京：五道营、国子监、南锣鼓巷——穿梭于一条条纵横交错的胡同间，感受北京的古朴味道；吃那威震四海的美食，在全聚德、吴裕泰等这些老字号里，你会品尝到最正宗的北京美食；之后再到三里屯看时尚北京，娱乐购物一条街，明星、美女特别多；还有在鸟巢看夜景，除了能想象到奥运会时健儿的热情，夜晚的灯景也美不胜收。

有了美景和美食，当然更少不了绚烂的艺术文化氛围。这里各种类型的演出、国际性的展会等一应俱全。京剧被誉为中国的"国粹"，有200余年的历史，动听的唱腔、华丽的戏服、百变的脸谱，令人印象深刻。著名的国家大剧院、梅兰芳大剧院、长安大戏院等都常有传统的京剧演出。

有容乃大，"包容"是北京的特征。在统一的多民族国家形成和壮大的过程中，首都北京以自己宽广的胸怀和开放的心态吸引、融合着各地区各民族的文化，形成了海纳百川、雍容大度、博采众长的精神境界，积淀了丰厚的历史文化，具有了巨大的凝聚力和吸引力，形成了城市发展的特殊优势和力量。在建设中国特色世界城市进程中，北京更需要这种开放的姿态和博大的胸襟，尊重差异、包容多样、和谐发展。

目录
CONTENTS

第 1 章

有容乃大的北京城

一直在路上的北京——漫漫历史要长谈

北京建城已经有2 000多年的历史，自公元前221年秦始皇统一中国以来，北京一直是中国北方重镇和地方中心。

　　天安门广场、故宫、国际化大都市……这是今天人们所能够看到的北京。然而，这座拥有2 000多年建城历史的文化名城，是怎样一步一步才发展到了今天？这其中，有许多历史值得我们去慢慢回顾。

北京天安门

故宫一角

　　早在70万年前，北京周口店地区就出现了原始人群部落"北京人"，说明北京是人类发源地之一。

　　北京最早见于文献的名称叫作蓟。西周初期，周武王封召公于北京及附近地区，称燕，又封尧之后人于蓟，在今北京西南。燕国强盛，蓟国弱小。燕灭蓟，迁都于蓟，并称为燕都或燕京。从这时起，直到公元前226年燕国被强大的秦国所灭，蓟城一直是燕的都城。据考古学家考证，当年的蓟城就位于现在北京城区的西南部。

　　公元938年，蓟城成为辽的陪都。辽是崛起于中国东北方的少数民族契丹人建立的。因为蓟位于它所辖的疆域的南部，所以改称南京，又叫燕京。一个多世纪以后，另一个少数民族女真人建立的金朝将辽灭亡，并于1153年迁都燕京，改名中都。

中央电视台

1214年，金朝因受到新兴的蒙古族军队的进攻，被迫迁都汴京（今河南开封），第二年蒙古铁骑入占中都。

1267年，蒙古族首领忽必烈下令在中都城的东北郊筑建新城。4年后这位首领即在兴建中的都城内登上皇帝的宝座，建立了中国历史上的元朝。

1276年新城全部建成，这便是意大利旅行家马可·波罗在游记中称之为"世界莫能与比"的元大都。从此，北京取代了长安、洛阳、汴梁等古都的地位，成为中国的政治中心，并延续到明、清两代。

1900年，进入北京的义和团沉重打击了在京的帝国主义势力。英、美、德、日、俄、法、意、奥八国组成2 000余人的侵略联军，陷大沽口，占天津，于8月14日来到北京城下，日军从朝阳门、俄军从东便门、英军从广渠门分兵进攻北京城。义和团及清军士兵英勇抗敌，伤亡惨重，当日城破。次日凌晨，西太后慈禧化装成村妇带光绪帝仓皇西逃。八国联军在城内公开抢劫3天，杀人无数，并将所获妇女充作官妓。紫禁城、颐和园等处陈设的历代珍宝典章等文物被盗劫殆尽，文化古城遭到空前洗劫。

1911年10月10日，中国爆发了资产阶级民主主义革命，第二年2月清帝被迫宣告退位。至此，中国最后一个封建王朝溃亡，北京作为帝都的历史到此结束。

在此后的30多年里，北京历经苦难：先是连年不断的军阀战争，使当年的帝都变得衰微破败；1937年日本侵略军侵入，古城在血与火中苦熬了8年；抗日战争胜利后，国民党政府接管了这座城市。苦难、屈辱、血泪，终于使人民起而抗争。1949年10月1日，中华人民共和国成立，北京成为新生的共和国的首都，古城的历史揭开了新的一页。一座城市的历史就是一个国家的历史，作为几代帝都和今日中国首都的北京是中国历史和现状的缩影。北京是古老的，同时也是一座焕发美丽青春的古城，北京正以一个雄伟、奇丽、新鲜、现代化的姿态出现在世界上。

明清北京城平面示意图——亦古城亦大城

明清北京城也就是今天中华人民共和国的首都北京，是中国六大古都中唯一继承首都地位的城市。

明清北京城是我国历代封建王朝统治时期保留下来的最后一座都城，集中国都城建设之大成，代表着我国悠久传统文化的继承与发展，是中国乃至世界的一块瑰宝。

北京城俯瞰

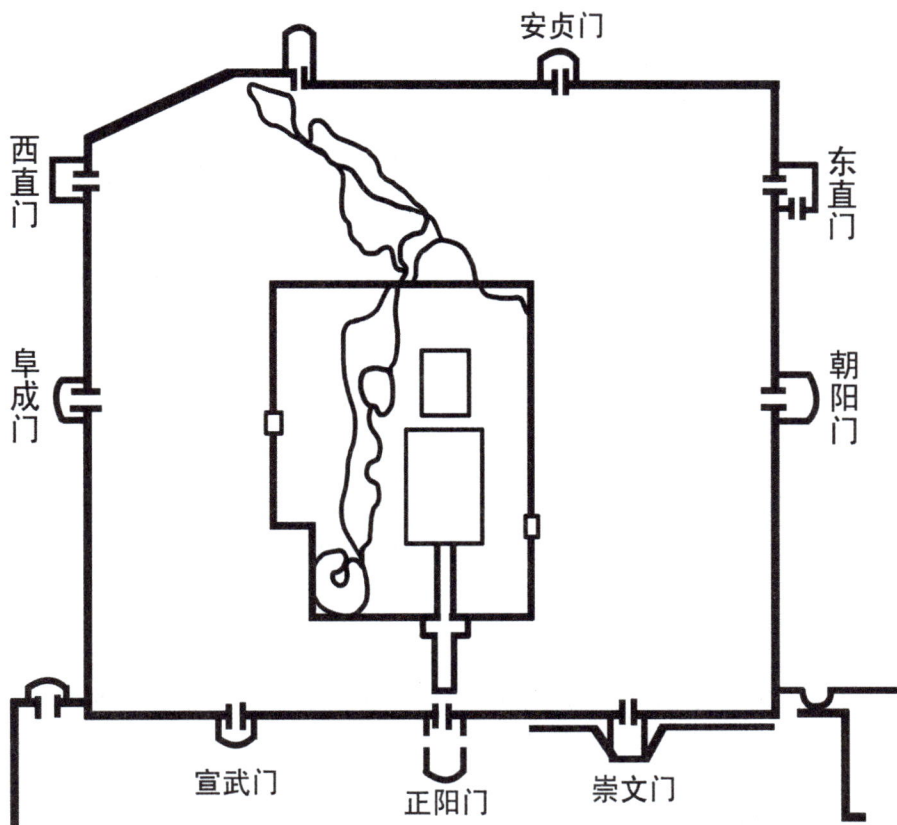

安贞门

西直门

东直门

阜成门

朝阳门

宣武门

正阳门

崇文门

明清北京城示意平面图

提到明清北京城就不得不说元大都，它是今日北京城的前身。

公元1260年元世祖忽必烈将统治中心南移到燕京，并在原金中都城址的东北侧兴建了元大都。元大都的规划沿袭了传统儒家的都城设计方案。元大都的皇城，坐落在都城正南方偏西的位置上，以太液池为中心。太液池中，有两组建筑群，一是万岁山上以广寒殿为主体的宫殿，二是建在瀛洲上的仪天殿，在是今天团城的位置。太液池的东岸建有以大明殿为主的宫城，宫城后面是御苑；西岸建有以光天殿为主体的隆福宫和以兴盛殿为主体的兴圣宫，以及西御苑等。皇城内，在大小宫殿之间，还建有各种储物的仓库、服务机构、办事的衙署等。

明成祖朱棣定都北平，改名为北京。他既要沿用此地的地理之气，又欲废除元代残留的帝皇之气，便将宫城中轴线东移，北墙南缩2 500米，南墙延伸1 000米，形成东西向的长方形。之后又重新修建了宫城和皇城，修筑外城，仅筑成南侧一面。至此，北京城的基本轮廓已经构成，即宫城、皇城、内城和外城。

宫城即紫禁城，也就是今天北京明清的故宫，位于内城中部偏南地区，周长3 000多米，南北长960米，东西宽760米，面积0.72平方千米，为南北向的长方形。宫城设置八门，南五门，即承天门（清改为天安门）、端门、午门、左掖门、右掖门，东为东华门，西为西华门，北为玄武门（清改为神武门）。宫城内压在中轴线上的有七座主要建筑物，以乾清门为分界，分为前后两部分，即前朝后庭。前三殿为奉天殿（嘉靖四十一年改称皇极殿，清改称太和殿）、华盖殿（同上改称中极殿，清改称中和殿）、谨身殿（同上改称建极殿，清改称保和殿），后三殿为乾清宫、交泰殿、坤宁宫。宫城周围有护城河，宽达52米，称为御河（清称筒子河）。清代紫禁城的建筑物多有重建，名称也有变迁，但基本上维持了明代的规模。

皇城在宫城之外，周长9000多米，缺其西南角，南北长2.75千米，东西宽2.5千米，面积6.87平方千米。东部为宫城，西部为西苑（元为西御苑），中部为太掖池（即元太液池，增开南海）。皇城有六门，"正南曰大明，东曰东安，西曰西安，北曰北安，大明门东转曰长安左，西转曰长安右"。清改大明门为大清门，北安门为地安门。

内城由元大都改建而成，周长22.5千米，9门，东西长6.65千米，南北宽5.35千米，面积35.57平方千米。正南为正阳门（即前门），左崇文门，右宣武门；东之南为朝阳门，北为东直门；西之南为阜成门，北为西直门；北之东为安定门，西为德胜门。

文化早已扎根——不是文人也懂点儿

北京是我国千年古都和政治文化中心，经过王朝的更迭，岁月的洗礼，积淀了多样的文化形态以及丰富的文化内涵。

　　北京作为中国的首善之区，其重要性固然体现在它作为政治中心的特殊作用，但同时也体现在它作为文化中心的无可取代的位置。

　　城墙文化。北京是一个具有悠久历史的文化古都，早在公元前1 000多年前，燕国就在这里建起了城墙，从此开创了北京城墙文化的历史。随着历史的演变和发展，北京城墙所承载的文化内涵也不断被延展着、变化着、丰富着。北京古城墙，目前可见到的城墙遗迹，只有金、元、明、清四个朝代的，远古

北京城墙

的城墙已没有了踪影。明代城墙最宏伟、最完整、最坚固。城墙的建设不仅仅反映了人们挖壕筑墙的水平，还反映了古代青铜矿冶和铸造的科技进步水平。只有相对高级和相对发达的城墙建筑，才能够保证城市生活的稳定和发展，这才是城墙"文化"最贴切的核心内涵。

胡同文化。胡同，是北京特有的一种古老的城市小巷。北京的胡同大多形成于13世纪的元朝，到现在已经经过了几百年的演变发展。北京胡同的走向多为正东正西，宽度一般不超过9米。胡同里的建筑几乎都是四合院。四合院是一种由东西南北四座房屋以四四方方的对称形式围在一起的建筑物。大大小小的四合院一个紧挨一个排列起来，它们之间的通道就是胡同。胡同这种北京特有的城市小巷已成为北京文化的载体，繁衍出了有名的胡同文化。在胡同这一特定的历史生存环境中产生的一种思想、一种意识潮流，离开了胡同这个特定的、赖以产生、生存、发展的状态，胡同文化也就如同浮萍。胡同与胡同文化是不可分割的，它们之间有着必然的联系，是物质和精神的结合。

庙会文化。北京自秦汉起就是中国北方的重镇，尤其辽、金、元、明、清在此建都，文化底蕴极其深厚。就明清时期而言，北京有各种寺庙1 000多座，为全国之冠。寺院多庙会也自然就多，一年365天几乎天天都有庙会，丰富多彩，美不胜数。如雍和宫的"打鬼"，城隍庙的"出巡"，农历七月十五日的"烧法船"、十月二十五日的"白塔燃灯"等，均为庙会盛事。北京最著名的古今传统民俗庙会兼集市有白云观、厂甸、白龙潭与地坛、龙潭湖等。此外，北京历代花会独具特色，遍及城乡。花会以技艺见长，主要有少林武术、踩高跷、玩中幡及太狮、少狮等活动。妙峰山的进香花会为京城花会之最，慈禧太后在颐和园东北侧，特建"眺远斋"而观赏赴会队伍及其精彩表演。

京剧文化。中国戏曲与古希腊的悲、喜剧以及印度的梵剧并称为"世界三大古老戏剧文化"。而京剧就是中国戏曲中的佼佼者。京剧的形成地在北京，距今已有200年的历史。它是由安徽的徽剧、湖北的汉剧、江苏的昆曲以及陕西的秦腔相互融汇而形成的。京剧行当全面，主要可以分为生、旦、净、末、

庙会

丑五大行当。生行分为老生、红生、小生、武生、娃娃生等。旦角全为女性，分为青衣、花旦、武旦、刀马旦、老旦等。净也叫花脸，指脸画彩图的花脸角色。末行多为中年以上男性，专司引戏职能。丑为剧中的丑行勾脸，面谱与花脸有很大区别，分为文丑和武丑。京剧的表达方式有唱、念、做、打四种。唱指歌唱，念指具有音乐性的念白，二者构成歌舞化戏曲表演艺术两大要素之一的"歌"；做指舞蹈化的形体动作，打指武术和翻跌的技艺，二者结合，构成另一大要素的"舞"。

当然，北京的文化特色还有很多很多，诉说不尽，留给人们在生活中慢慢地去发现、去体会。

老北京的民俗节日——最接近老北京的生活

"小孩小孩你别馋，过了腊八就是年"——北京童谣

北京的传统节日形式多样、内容丰富，是中华民族悠久历史文化的一个组成部分。

腊八，即农历十二月初八，是由来已久的汉族传统节日，也因传说这一天是佛教创始人释迦牟尼的成道之日而被称为"佛成道节"。老北京人向来把腊八视为"年禧"即将到来的信号。他们是如何过腊八的呢？首先必不可少的便是腊八粥。腊八粥是由多种食材熬制而成的一种粥，也叫七宝五味粥。腊八粥的种类有很多，旧时，米粮店一进腊月就将芸豆、豌豆、小豆、绿豆、小米、大米、高粱米掺杂在一起出售谓之杂豆米、腊八米。一般人家就将这种杂豆米加上小枣、栗子之类的干果，熬成粥之后再加上红、白糖，还有的加上玫瑰、木樨（腌桂花）等甜调料。除此之外，这一天还要泡腊八蒜。把蒜瓣放在醋里，置于坛中，从腊月初八封上坛口，放在较暖的屋子里，为了过年吃饺子用。到了年底，蒜泡得色如翡翠，醋也有了些辣味，使人忍不住要多吃几个饺子。

过了腊八便是春节，家家户户都要精选一幅大红春联贴于门上，以增加节日的喜庆氛围。春联也叫门对，它以工整、对偶、精巧的文字抒发美好愿望，是我国特有的文学形式。当大年三十夜十二点的钟声响起时，整个北京城便响彻在一片震天的爆竹声中。空中流光溢彩、百花争艳，为佳节增色不少。春节最开心的要数孩子了，不仅能吃到丰盛的年夜饭，还能收到长辈们的红包。红包又叫压岁钱，明清时压岁钱大多数用红绳串着赐给孩子，民国以后则演变为用红纸包裹。春节还有一件事不得不做，那就是逛庙会。白云观庙会以香火最盛、开放时间最长闻名京师。庙会上有不少老北京的民俗活动，诸如白云观摸

石猴、窝风桥打金钱眼等。白云观庙门内的弧形石雕下方有一石猴浮雕，老百姓认为摸一下可祛病消灾、延年益寿，于是竞相触摸；窝风桥下的桥洞里吊着一枚大铜钱，铜钱孔中有一只小铜钟，上书"钟响兆福"四字，据说若能用硬币投中铜钟，就能心想事成。这两项是庙会上最热闹的活动。此外，庙会上还有各类民间小吃、手工艺品、古都民俗画展等。

元宵节，是我国传统的民俗节日，也就是正月十五。老北京人总是会"张灯结彩闹元宵"。赏花灯、猜灯谜是元宵节的一大特色。灯谜最早是由谜语发展而来的，起源于春秋战国时期。它是一种富有讥谏、规诫、诙谐、笑谑的文艺游戏。谜语悬之于灯，供人猜射，开始于南宋。如今每逢元宵节，北京都会打出灯谜，希望百姓能喜气洋洋、平平安安。因为谜语能启迪智慧又饶有兴趣，所以流传过程中深受社会各阶层的欢迎。元宵节当然少不了一碗热气腾腾的元宵。元宵即"汤圆"，是以白糖、玫瑰、芝麻、豆沙、黄桂、核桃仁、果仁、枣泥等为馅，用糯米粉包成圆形，可荤可素，风味各异。元宵可汤煮、油炸、蒸食，食之有团圆美满之意。

吃喝玩乐在北京——总有一家您满意

在北京，不仅要登长城、游故宫，吃喝玩乐一样要尽兴。

表面上北京是现代大都会，但实质却有抹不去的古朴和怀旧。闲庭信步走进那热气腾腾的美食店，那才是真正的北京。

全聚德烤鸭。烤鸭是北京的一大特色美食，想吃到便宜又实惠的烤鸭，你可以去便宜坊、大鸭梨、安贞烤鸭店等。但如果要品尝正宗地道的烤鸭，那全聚德则是你的不二之选。全聚德创建于1864年，截止到2012年，已经在全国开了80多家连锁店，每年的烤鸭销售量为700多万只。100多年的炉火，铸就了其"中华第一吃"的美誉。全聚德烤鸭采用挂炉、明火烧果木的方法烤制而成。烤鸭成熟时间为45分钟左右。烤出的鸭形态丰盈饱满、油光润泽、皮质酥脆、肉质鲜嫩，飘逸着果木的清香。除了烤鸭之外，全聚德还有400多种特色菜品，"芥末鸭掌""火燎鸭心""雀巢鸭宝"等都独具特色，令人垂涎欲滴。全聚德在北京有多家分店，其中起源店是前门店，最大的店是和平门店，还有王府井店和奥运村店等供你选择。"不到长城非好汉，不去全聚德真遗憾"。在北京享受一顿烤鸭大餐，你准备好了吗？

文宇奶酪。位于北京东城区南锣鼓巷内的文宇奶酪店，是一家物美价廉的风味小吃店，主要经营奶酪和酸梅汤。清淡鲜甜的奶酪，清凉解暑的冰镇酸梅汤，或是香浓滑嫩的双皮奶都是不错的选择。

瑞宾楼褡裢火烧。瑞宾楼位于北京前门外门框胡同，提起这里的褡裢火烧，老北京人没有不知道的。褡裢火烧是一种常见油煎食品，用面片装入馅，两面折上，另两面不封口，放入油锅煎熟。其色泽金黄，焦香四溢，鲜美可口。一位北京的老先生曾作诗"门框胡同瑞宾楼，褡裢火烧是珍馐。外焦里嫩色味美，京都风味誉九州。"来称赞这一美食。

　　门框胡同里可远远不止褡裢火烧这一种美食，那里云集了各种北京特色小吃。诸如"爆肚冯""年糕杨""白记豆腐脑""路记羊肉馅饼""油酥火烧刘""复顺斋酱牛肉""祥瑞号褡裢火烧""宛记豌豆黄"等。闲暇时去门框胡同走一遭，绝对会让你尽兴而归。

　　除了美食之外，北京也是购物娱乐的好去处。

　　西单。西单是北京市西城区的一个以商业为主的街区，得名于老北京城俗称的西单牌楼。西单的顾客群以年轻时尚一族为主，有"年轻人的购物天堂"之美誉。购物的浪潮也带动了餐饮、娱乐等相关产业的发展。如今的西单已经发展为吃喝玩乐一条街，是北京逛街购物的首选之地，每一天都人气旺盛。

　　北京动物园服装批发市场。虽然名字并不起眼，但它是北方地区最大的服装批发集散地，所售的衣服种类之多、品种之全、范围之广，更远远超乎你的想象。北京动物园服装批发市场主要分为几个大的服装批发市场：东鼎、天乐、众合、天皓城、金开利德、世纪天乐等。这里的服装不仅种类多样，而且价格实惠，往往可以砍价。但如果你选择黄金时间去购物的话，一定要照看好自己的贵重物品。

第 2 章

外七里九皇城四

正阳门——过关斩将至今朝

正阳门，属于全国重点文物保护单位之一，是明清时期京城前门楼古建筑，原本由城楼、箭楼和瓮城组成，1916年拆除瓮城，如今仅存城楼和箭楼。

正阳门，俗称前门，原名丽正门，人们经常说的"前门楼子九丈九"指的就是这里。正阳门是北京城内城正南方向的门，位于天安门广场的南缘，前门大街的北端，恰好处在北京城的南北中轴线上，在北京城所有的城门中是最为高大的一座。

具体算来，正阳门距今已有500多年的历史了，如今只存城楼与箭楼。正统四年（1439年），明朝政府将箭楼建在正阳门城楼的南面，并且在城楼与箭楼之间形成了一座南北长108米、东西宽88.6米的大瓮城。正阳门箭楼形式比较独特，一直被看成是老北京的象征，也是北京城所有箭楼中最高大的一座。

很多人都不知道，正阳门的箭楼在1900年义和团拳民焚烧前门外大栅栏的时候，被飞溅的火星引燃，当时已经全部烧毁了，而城楼也在当年冬天被生火取暖的印度士兵不慎引燃烧毁了。如今人们看到的正阳门是中华民国三年（1914年）改建的，而正阳门的瓮城则在1915年的时候被北洋政府内务总长下令拆除了。1965年经过周恩来总理批示，正阳门的城楼和箭楼得到了保留。其实，在1949年以后，正阳门一直都被北京卫戍区所占用，到了1980年的时候才腾退出来。

北京内城有个传统，各个瓮城之中都有一座庙，说来奇怪，唯独正阳门的瓮城内有两座庙，东边的是关帝庙，西边的是观音庙。关帝庙中的塑像乃是明朝原物，当年清朝皇帝从天坛郊祭回宫的时候，每次一定会在关帝庙中拈香，由此可见其地位绝非一般。正阳门关帝庙中藏有"三宝"，一为大刀，二为关帝画像，三为白玉石马。可惜的是，在"文革"期间，正阳门的关帝庙和观音庙都被拆除了。

城楼

箭楼

　　提及正阳门，还有一个故事。当年八国联军侵占了北京，老佛爷带领光绪皇帝匆忙奔向西安躲避，而正阳门在此时却被大火完全烧毁。等到恢复太平后，老佛爷和光绪皇帝准备起驾回京，可是京城没了正阳门，大臣们不知道如何向老佛爷交代，如果重修，时间和经费都不允许。大臣们左思右想，最后决定将它交给棚匠师傅。在过去的五行八作当中，"棚匠"是个很忙的行业，凡是红白喜事、婚丧嫁娶，都会请棚匠师傅帮忙，但是依靠棚匠师傅修缮已经烧毁的正阳门可是个天大的工程，这样能瞒过老佛爷的火眼金睛吗？到后来，不知道是棚匠师傅的手艺太高还是老佛爷那时无心察看，她竟是没有言语。

　　时至今日，当年的正阳门瓮城早已不见容貌，取而代之的是开阔、热闹的群众广场。假若在晴空、蓝天、白云、微风之下，漫步在正阳门前，举头便是绿顶、红柱、灰砖，如果可以不去计较身周过往的车辆和熙攘的人群，会不会在心中寻觅到那一种隔世之感？

门票信息：成人票10元，学生票5元。

开放时间：8：30—16：00。

交通导航：乘坐公交车1路、2路、4路、5路、9路、10路、20路等，在天安门站或前门站下车；或乘坐地铁1号线在天安门东站下车、2号线在前门站下车。

崇文门——要过此门拿"钱"来

崇文门，早在元代时称文明门，俗称"哈德门""海岱门"，是南城三门之中位置最东的一个，曾经与正阳门、宣武门合称"前三门"。

崇文门，人们又习惯将其称为"哈德门"。早在民国年间名噪一时的"哈德门"牌香烟以及现在的哈德门饭店，其中典故全部出自这座北京南城的要塞；曾经的北京四大城区崇文区，毫无疑问也是由崇文门而得名。

崇文门曾经以瓮城左首镇海寺中的镇海铁龟闻名京城。以前的崇文门外，在东北方向有一只造型非常古朴的铁龟，据说那一段护城河的桥下有一个海眼，于是人们就用一只乌龟镇住海眼，来保护京城的平安。除此之外，令崇文

崇文门现状

门闻名的还有崇文门的税苛，特别让曾经的外埠客商们"望门生畏"。在过去的时候，美酒佳酿大多是从河北涿州等地方运来，要进北京自然就要走南路。这些运酒的车辆要先进外城的左安门，然后再到崇文门上税，所以要想通过崇文门，没有银子是万万不行的。在清朝的时候，京城卖酒的招牌要写上"南路烧酒"，意思就是在崇文门交过税了，所卖的酒没有逃税。清末的杨柳青年画中有一幅叫作《秋江晚渡》，画面上画着酒幌，上面写着"南路"等字样，就是当时全民纳税的一种写照。

如今，要想站在人流熙攘的崇文门大街十字路口寻觅古迹，除了崇文门至东南角楼一段残存的城垣之外，与过去城门相关的所有建筑都已经不复存在了。其实，崇文门城楼原址就在现在崇文门饭店和哈德门饭店之间稍北的位置，现在过街天桥稍南的位置就是原来的崇文门箭楼。1900年的时候爆发了"庚子事变"，八国联军中的英军攻破了防守薄弱的外城广渠门，抢占了天坛，架炮轰击崇文门，顷刻之间，崇文门的箭楼便被烧毁。1901年，英军为将火车引至城内，肆意拆毁了崇文门的瓮城和西北角的关帝庙，而且打通了瓮城东西墙。同时，为了崇文门内外大街的顺畅，他们又将残存的箭楼城台中间打通。

曾经的崇文门已经毁于战火之中，那时每日往来如梭的商旅也早已不见了踪影，只是不知道那只镇海铁龟是否也已远去。

门票信息： 免费。

开放时间： 全天。

交通导航： 乘坐公交车108路电，在崇文门站下车；或乘坐地铁2号线内环（外环）在崇文门站下车。

永定门——北京那个"外城门"

永定门位于北京，始建于公元1553年（明朝嘉靖年间），城楼形制一如内城样式，是重檐歇山三滴水楼阁式建筑。

　　永定门位于左安门和右安门之间，是老北京外城七座城门之中最大的一座，也是从南部出入京城的通衢要道，多年以来一直镇守着中轴线的最南端。也就是说，在过去，一脚迈出永定门，也就出了老北京城。

永定门

永定门前雄狮

永定河

　　根据有关史料的记载，永定门是逐步建成的，最初始建于明朝嘉靖时期，共跨越了明、清两个朝代。永定门城楼一如内城，使用灰筒瓦、绿剪边，装饰以琉璃瓦脊兽。城楼面阔五间，通宽24米；进深三间，通进深10.50米；楼连台通高26米。乾隆三十一年的时候，为了加强北京城的防卫，又增建了箭楼，而之所以称其为永定门，也是寓意"永远安定"。不过，曾经的永定门在1957年的时候被拆除，现存城楼为2004年重建。

　　永定门既然在老北京城的最南端，又被寓意"永远安定"，那在过去，自然就少不了知名战役在此打响。明崇祯二年（1629年）的十二月，皇太极率领清八旗军攻打北京城，一场闻名的北京之战在德胜门、广渠门、左安门、永定门外拉开。当时，为解京城之危，蓟辽督师袁崇焕仅率九千骑兵，日夜兼程，抵达广渠门外，寒冬饥馁，露宿扎营。在崇祯帝不准进城的命令之下，袁崇焕率军九千人与清军数万人在广渠门外展开了浴血野战，10小时的激战结束后，明军以少敌多，最终克敌获胜。当时的袁崇焕甚是威武，只见他横刀跃马，冲在阵前，左右驰突，中箭很多，正所谓"两肋如猬，赖有重甲不透"。就连一战知名的皇太极对广渠门之败也曾慨叹："十五年来，未尝有此劲敌也！"但是离奇的是，袁崇焕这样的功臣在战后却中了皇太极的"反间计"，被下狱，遭磔于市。在之后的永定门之战中，明朝四个总兵，满桂、孙祖寿当场阵亡，麻登云、黑云龙战中被俘，所以说，永定门之战，明军失利！

历史的车轮碾过，老北京城的永定门记录了太多的忠诚与爱国。如今，永定门城楼已经复建完成，又一次展现出北京旧城完整的中轴线所在。没有了过去的英勇守卫，多了些幽幽绿植，环城而淌的护城河碧水清秀，清水绕城，高墙锁水，诉说着历史，荡漾着回忆。

门票信息： 免费。

开放时间： 8：00—17：00。

交通导航： 乘坐公交车36路空调、210路夜线在永定门站下车；或乘坐公交车2路、7路、17路、20路、69路、71路、203路夜线、504路、626路、692路空调、707路、729路空调、926路、926路支等在永定门内站下车。

德胜门——出兵征战"得胜"去

德胜门，乃是明清时期北京城内城九门之一，是由城楼、箭楼、闸楼和瓮城等组成的群体军事防御性建筑

　　在北京一直有句老话："先有德胜门，后有北京城。"从德胜门和北京城的命名来看，德胜门的确早于北京城。姑且不去追究这句话是否属实，它倒是点明了德胜门的来龙去脉。德胜门在元代称为"健德门"，乃是出兵征战之门，寓意"德胜"二字。回到历史，正值元末，大将军徐达率军攻破了元朝的大都城（即今天的北京城），元顺帝慌忙从大都城的北门健德门逃走，元朝也就此灭亡。而后，徐达便把健德门改为德胜门，也称得胜门，有纪念明军取胜之意。这是洪武元年（1368年）的事情，当然在此之后，德胜门又历经了多次修缮。

德胜门远景

　　可以说，德胜门自古至今都是北京城的交通要道。老北京城建成时，四个方向的九个城门各有各的用途，按照星宿来讲，北方属玄武，而玄武主刀兵，所以过去出兵征战一般要从北门出城。因此，以前都是遇战事自德胜门出兵，班师回朝由安定门入城，分别取其"旗开得胜"和"太平安定"之意。而其中的德胜门更是京师通往塞北的重要门户，素有"军门"之称。例如，明代永乐皇帝北征，清代康熙皇帝平定噶尔丹叛乱、乾隆皇帝镇压大小和卓叛乱，都曾出师德胜门。如今的德胜门是八达岭高速公路的起点，直接连接着北京的北部地区，地理位置相当重要。

　　德胜门的历史如此悠久，关于德胜门的故事更是丰富多彩。

　　其实德胜门还有好多名称，例如牛门、马门、骆驼门等。虽然听起来有些俗气，可是却有真实的依据。现在北三环的马甸在过去是个牲畜交易市场，那时的牛马羊等全部要过德胜门。

　　还有历史记载，明朝正统十四年（1449年）八月，瓦剌军大举进攻北京，兵部尚书于谦率领大军迎敌，一举击毙了号称"铁颈元帅"的也先的弟弟索卯那孩，把瓦剌军打得溃不成军，于谦得胜凯旋。这是于谦保卫北京的一次大胜仗，在历史上名气很大。而后，到了崇祯十七年（1644年），吏部右侍郎李建泰带兵开赴山西攻打李自成的起义军，但是军队刚到涿州的时候就迎面碰上了闯王李自成的部队，士兵闻风而逃，不战自溃，李自成大军乘胜追击，攻陷北京城。所以说，虽然城门名曰德胜门，可真正打起仗来其实胜败都是有的。

　　关于德胜门还有一个著名的典故。在乾隆四十三年（1778年），整年大旱造成农家颗粒无收，官民俱愁。在年末的时候，清高宗前往明陵，行至德胜门的时候，恰逢大雪纷飞，立时龙颜大悦，随即作御诗立"祈雪"碑碣一通，有黄顶碑楼，碑之高大实乃令其他诸门的石刻难以比拟，所以后来有人称之为"德胜祈雪"。

　　德胜门虽然是出兵征战之门，但是其东边城墙上的那尊大炮并不是打仗用的，而是给人们报时用的。过去每日午时，德胜门和宣武门齐响一声火炮，北京城内的老百姓就可以听炮对时。说来奇怪的是，老北京城有九门，九门都有城楼和箭楼，可是唯有德胜门的箭楼有点与众不同。例如正阳门的箭楼下有门洞和城门，但是德胜门的箭楼却从来没有门洞和城门，它也是北京城独一无二的没有门洞和城门的一座箭楼。曾经的德胜门箭楼雄踞于12.6米高的城台之上，灰筒瓦、绿剪边、重檐歇山顶。在1993年的时候，这里改为了北京市古代钱币展览馆。现在箭楼上常年举办历史古钱币展，展览主题是"中国货币四千年"。

　　金戈铁马已不在，德胜之门仍矗立。如果你的心够静，当你走过这座承载着历史风尘的城楼时，或许还能听到当年烈马嘶鸣、刀剑交错的声音。

门票信息： 成人票5元，学生票2元；德胜门北京市古代钱币展览馆门票20元。

开放时间： 9：00—16：00。

交通导航： 乘坐公交车5路、27路、44路、55路、315路、345路、305路、734路、819路、834路等在德胜门站下车；或乘坐地铁2号线在积水潭站下车。

午门——紫禁城大门朝南开

午门是紫禁城的正门，位于紫禁城的南北轴线上。因为此门居中向阳，位当子午，因此名为午门。

　　午门，始建于明朝永乐十八年（1420年），在清朝顺治四年（1647年）和嘉庆六年（1801年）的时候进行过修缮。其名又曰午阙、五凤楼，乃是紫禁城的正门，它的东西北三面城台相连，环抱一个方形广场。北面门楼，面阔九

午门全貌

午门石狮

午门一角

间，重檐黄瓦庑殿顶；东西城台上各有庑房十三间，从门楼两侧向南排开，形如雁翅，所以也称雁翅楼；在东西雁翅楼南北两端各有重檐攒尖顶阙亭一座。威严的午门，宛如三峦环抱，五峰突起，气势雄伟，因此又称五凤楼。

在很多人的印象中，午门有3个门洞，其实不然。从正面看上去似乎确实只是3个门，实际上还有左右两个掖门，开在东西城台的里侧，一个向西，一个向东。这两个门洞分别向东、向西伸进地台之中，然后再向北拐，可以从城台北面出去。所以，从午门的背面去看，就有5个门洞，于是一直都有"明三暗五"的说法。午门的5个门洞各有用途，当中的正门为皇帝专用；皇帝大婚时，皇后乘坐的喜轿可以从正门进宫；通过殿试选拔的状元、榜眼、探花，在宣布殿试结果以后可从正门出宫，但是仅此一次而已；东侧门专供文武官员出入；西侧门专供宗室王公出入；左右两侧的掖门平时不开，只有在举行大型活动时才会开启，文武百官由两侧掖门出入。正门左右的两座阙亭中设有钟鼓，皇帝祭祀坛庙出午门时鸣钟，祭祀太庙时击鼓，而如果升殿举行大典，那么就要钟鼓齐鸣。

　　明清时期，午门的作用非常大：它是颁发皇帝诏书的地方；在午门，皇帝立春赐春饼，端午赐凉糕，重阳赐花糕；每年农历十月初一，要在此颁发次年历书；每年腊月初一，要在此举行颁布次年历书的"颁朔"典礼；如果在重大战争中大军凯旋，还要在午门举行向皇帝敬献战俘的"献俘礼"；每逢重大典礼和重要节日，更是要在这里陈设体现皇帝威严的仪仗，以此彰显皇威。

　　只要说起午门，人们会很轻易地联想起"午门问斩"。午门在过去确实是进行刑罚的地方，但是罪责不及"问斩"。明代时期，假若大臣触犯了皇家尊严，便会以"逆鳞"之罪被绑至午门前御道的东侧打屁股，名曰"廷杖"。最开始的时候只是象征性地责打，后来竟然发展到打死人。在正德十四年（1519年）的时候，皇帝朱厚照要到江南选美女，群臣上谏劝阻，皇帝当然发怒，所以执行"廷杖"，大臣舒芬、黄巩等受廷杖者竟有130人，最后有11人当场就被打死。无独有偶，明朝嘉靖皇帝朱厚熜继承皇位之后，想要追封其生父兴献王为帝，遭到众多大臣抵制，群臣100多人在左顺门哭谏，皇帝大怒，下令施行廷杖惩罚，当场毙命17人。正因如此，民间一直都有"午门斩首"的说法。其实，在明清时期，皇宫门前极为森严，犯人斩首绝对不会在此。明代时期斩首是在大街上，清代的时候改为押往菜市口或柴市（现在的西四）等地刑场处决。

　　今天的午门，匾额高挂，红墙威严。你不妨置身此地，双臂平伸，抬头仰望，安静地感受皇家的威严气息和历史的印迹。

门票信息：免费。

开放时间：每年4月1日至10月31日采用旺季时间8：30—16：00，每年11月1日至3月31日采用淡季时间8：30—15：30。

交通导航：乘坐公交车1路、2路、10路、20路、37路、52路、82路、120路、126路、203路、205路、210路、728路、802路等在天安门东站下车；乘坐公交车1路、5路、10路、22路、37路、52路、205路、728路、802路等在天安门西站下车；或乘坐地铁1号线在天安门东（或西）站下车。

第 3 章

那院，那街，那话

老北京四合院——东西南北辈分清

老北京四合院是指由东、西、南、北四面房子围合起来形成的内院式住宅，是老北京人世代居住的主要建筑形式，闻名中外，世人皆知。

　　自元代正式建都北京，大规模规划建设都城开始，四合院就和北京的宫殿、衙署等建筑同时出现了。明清以来，老北京的四合院尽管历经了沧桑变迁，但是这种基本的居住形式已经形成，而且得到了不断完善，逐渐形成了当今所见到的四合院形式。

　　老北京四合院之所以名扬四海，不只是因为它的历史悠久，很大程度上还由于它的构成具有独特之处。它属于典型的砖木结构建筑，房屋架子檩、柱、梁（柁）、槛、椽以及门窗、隔岷扇等都是木制结构，房屋架子周围以砖砌

四合院群落

墙，梁柱门窗和檐口椽头都要油漆彩画，尽管没有宫廷苑囿那般的金碧辉煌，但是说其色彩缤纷丝毫不过。墙习惯用磨砖、碎砖垒砌。屋瓦大多用青板瓦，正反互扣，檐前装滴水。或者不铺瓦，全用青灰抹顶，称灰棚。

那么，为什么要管这种住宅叫作"四合院"呢？因为这种住宅建筑包含正房（北房）、倒座（南房）、东厢房和西厢房，四座房屋在四面围合，看起来形成了一个"口"字形，而其里面是一个中心庭院，所以将其称为四合院。同时，如果观察得足够仔细，还会发现一个很有特点的普遍现象，那就是老北京四合院中东、西、南、北四个方向的房屋各自独立，东、西厢房与北房、南房的建筑本身没有连接，连接这些房屋的只是转角处的游廊。北房、厢房、南房等所有的房屋都是一层，从来没有楼房。如果从空中鸟瞰老北京四合院，它活像四个小盒子围合的一个院落，生动有趣。

通常的话，老北京四合院的房间总数一般是北房3正2耳共有5间，东、西厢

四合院内部

房各有3间,南房不算大门共有4间,加上大门洞、垂花门总共17间。如果按照每间12平方米进行计算,一户老北京四合院的全部面积要在200平方米左右。四合院的中间都是庭院,而且非常宽敞,庭院中植树栽花,备缸饲养金鱼。庭院是一座四合院布局的中心,也是人们穿行、采光、通风、纳凉、休息、家务劳动的场所。可以这么说,老北京四合院是一种封闭式的住宅,对外只有一个街门,关起门来就能自成天地,私密性很强,且四面的房屋都向院落方向开门,一家人在里面居住和和美美,其乐融融。

说起老北京四合院,它们虽然是一种居住性的建筑,但体现的却是中国人传统的居住观念。四合院本身的营建非常讲究风水,从择地到定位,再到确定每幢建筑的具体尺度,都是按照风水理论来进行的,就连东、西、南、北四个方向房屋的好坏尊卑都分得清清楚楚。古语讲"有钱不住东南房",就是不能以东、南为主房,一般都是北房、西厢房为一等房屋,东厢房为二等房屋,南房为三等房屋。这都是古代劳动人民精心创造出来的建筑形式,人们居住了成百上千年,已经在人们心目中留下了深刻的印象。

当你一只脚迈进老北京四合院,出现在眼前的将会是宽敞的庭院,充足的阳光,成串的葡萄……在这样的环境下,一家人安逸、悠闲地快乐生活,真可谓是接了地气,闲了心情,能不令人羡慕吗?

门票信息: 部分老北京四合院免费;恭王府普通票40元,学生票20元,联票70元。

开放时间: 旺季(3月16日至11月15日)7:30—16:30,淡季(11月16日至3月15日)8:00—16:00。

交通导航: 前往恭王府,可乘坐公交车13路、42路、90路、107路、111路、118路、204路、609路、612路、623路、701路等在北海北门站下车。

长安街——神州第一街

长安街，东西横贯北京市，全长约42千米，曾一度被誉为
全世界最长、最宽，全中国最为重要的一条街道。

推荐星级：★★★★

长安街是北京市的一条东西轴线，过去东起东单，西至西单；现今从东单向东和西单向西延长，东可至通州区，西可达石景山区。天安门就坐落在长安街中点位置的北侧。在中国，长安街被称为"神州第一街"。

长安街开始修建于明代，是当时兴建紫禁城、皇城和内外城时最主要的一条道路。明永乐四年至十八年（1406—1420），明成祖朱棣建都北京的同时，皇家就在皇城的正前方精心安排修建了这样一条东西走向的横街。由于过去

长安街街景

一直据守皇城之前，所以长安街又有"天街"之称，距今已有600多年的历史。之所以为其取名长安街，是源自盛唐时代的大都城——"长安"，蕴含长治久安之意。

说起长安街的修建，还有一个故事。人们都知道，每逢改朝换代之际，新的王朝总是希望从物质上到精神上彻底将前朝打败。当年元朝大都被废，明朝都城就要大兴土木进行重建。于是永乐皇帝召来军师姚广孝商议新都城的规划，二人最终决定保留元朝大都的老城墙，但是老城北墙要向南推移2 500米。但是，就在工程快要完工的时候，民间骤然非议不断，矛头直指新的王朝。按常理来说，皇家大兴土木时百姓不敢言语，但是千万不能乱了北京城的风水。自古以来，"三头六臂哪吒城"的样子沿袭了下来，但是明朝的修建改造会让"哪吒"仙体受损，所以百姓才敢抱怨。素来臣子恐惧皇帝，皇帝恐惧神仙，所以必须迁就"哪吒"的完整存在，调整方案后，这才有了后来的"三千米"长安街。

到了清代，长安街得以细划。东长安门以东至东单称为东长安街；西长安门以西到西单称为西长安街。在孙中山领导的辛亥革命成功以后，大清王朝就此灭亡，人们出于对孙中山的热爱与拥戴，曾经一度将天安门前的一段长安街改名为中山路。后来，袁世凯窃据大元帅的宝座，辟中南海为其大元帅府，开中南海的南门为新华门，而新华门门前的西长安街则被改名为府前街，中南海西面的一条街改名为府右街。而且在历史上，长安街的名称还曾有过消失的时候，那是在日本侵华以后，缘于三座门本是长安门的俗称，东长安街被改名为东三座门街，西长安街被改名为西三座门街，在当时出版的北京地图上，真的已经找不到东西长安街了。时光荏苒，到了1940年，内城城墙东西两侧的建国门与复兴门被拆开之后，才成了近代长安街的雏形。时至1954年8月，东、西长安街上的两座牌楼被拆除。在"文革破四旧运动"的时候，长安街曾经被改名为"东方红大路"。因此，有时甚至可以说，长安街就是历史的记录本。

　　长安街能够得到"神州第一街"的称谓，当然不仅仅是因为它的长度和宽度，而是得益于其真正的意义。旧时的长安街曾经是封建统治的中心，天安门两边，左祖右社（祖是太庙，社是社稷坛），东长安街以南有礼部、户部、兵部、太医院、翰林院等，西长安街一带有刑部、锦衣卫、演象所等。而现在的长安街，地位更是相当重要。中国的象征——天安门和天安门广场，就坐落在长安街上，而且长安街的两侧还有人民大会堂、中南海以及国务院的部分机关，同时还分布着很多文化设施，例如国家博物馆、故宫博物院、国家大剧院、民族文化宫等。国庆时的阅兵仪式也是在这里隆重举行。

　　每当提起长安街，人们总会想起"十里长街"。其实，过去年代的长安街，从东单至西单长度只有3.7千米。通常人们所说的"十里长街"，指的是建国门至复兴门的距离，全长为6.7千米。而今天经常所说的"百里长街"则是指通州至石景山的距离，全长有42千米。不过，所谓的"十里"和"百里"都是泛称，并不是非常确切的数字。

　　或许长安街的意义根本不在于它的长度或宽度，而是它承载的千古历史和丰富记忆。长安街曾经经历过繁华和落寞，也曾岁岁年年地变化着，但是那份神圣气息和庄重感却从未被谁抹去过。

门票信息： 免费。

开放时间： 全天。

交通导航： 乘坐公交车1路、2路、52路、59路、82路、99路、120路、观光1线、观光2线、快速直达专线17路、快速直达专线31路、夜1路、夜2路、夜17路等在天安门东站下车；或乘坐地铁1号线在天安门东站或天安门西站下车。

王府井大街——唯有此处井水甜

王府井大街，南自东长安街，北至五四大街，全长约有1600米，是北京城内最有名的商业区，更是号称"日进斗金"的地方。

既然叫作王府井大街，仅从字面上理解，此地当有王府，而且也应该有口水井。其实，王府井大街是在1915年定名的。在辽、金时代，王府井这里只是一个毫不出名的村落，等到忽必烈定都北京之后，这里才开始热闹起来，并开始有了"丁字街"的称呼。再到明成祖的时候，在这一带建造了十个王府，从此便改称"十王府"或者"十王府街"。明朝灭亡以后，朝代既逝，王府自然也就随之荒废，但人们仍习惯称它为王府街。

王府已然有了，那么井从何来？在过去，一口水井倒不是什么新鲜物件，即便一户一井做不到，但是一个胡同配置一口水井还是没有问题的。但是说来奇怪，那时候的北京内外城中总共有水井一千多个，只是大多数水井的水咸苦，可偏偏这条王府街上的水井水甘甜可口，慢慢地水井越打越多，因此，人们便逐渐使用王府井大街称呼这里。如今在威莎（WEEKEND）门店之前依旧

王府井大街店面

牌楼

有用铁链子圈起的井盖，清晰地记录着王府井大街得名的详细缘由。

尽管只是一条街道，但是王府井大街也曾历经种种沧桑。在旧中国，王府井大街是洋人、洋教和洋货较集中的地区之一。清朝顺治十二年（1655年），这里就建造了天主教堂，最早的时候建在了甘雨胡同路北，当时又称"东堂"，是北京城中继宣武门教堂（南堂）之后的第二座天主教堂。可是就在1900年5月15日，义和团揭竿而起，东堂作为洋教代表，率先遭到了攻击。

王府井，可以说是一条古街，历史悠久，表现得非常传统、古朴；也可以说王府井是一条新街，居于繁华闹市之中，表现得非常时尚、前卫。就在这条街上，创立了闻名天下的很多中华老字号，如盛锡福、同升和等；也在这条街上，拥有众多大型商场与专卖店等，例如王府井百货、外文书店、丹耀大厦、工美大楼、王府井女子百货商厦、新东安市场等；还是在这条街上，吸收着先进的西方文化，聚集了全球著名跨国公司的许多知名品牌，还与法国的香榭丽舍大街结为了友好姊妹街。现如今，王府井大街上牌匾高悬，店铺森然，人头攒动，犹如流水一般，从早至晚，不曾闲静。人们来来往往，穿梭其中，逗留不舍，拍照纪念。虽然岁月不断更迭，王府井大街的历史年轮却越画越大，它融古纳今，风采依旧，具有足够的资格自豪、骄傲。

王府井大街是一条步行街，可以只身游荡其中，静则感悟一种历史的人文气息，动则享受一股繁华喧嚣的都市风范，何乐而不为？

门票信息： 免费。

开放时间： 全天。

交通导航： 乘坐公交车103路、104路、108路、111路、127路、140路、夜18路、夜21路、特11路等在灯市西口站下车，也可以乘坐41路、59路、99路、120路、127路、140路、夜17路、夜1路等在王府井站下车；或乘坐地铁1号线在王府井站下车。

王府井大街教堂

前门大街——曾经此地最繁华

推荐星级：★ ★ ★

前门大街是北京城中著名的商业街，恰好位于京城的中轴线上，北自前门月亮湾，南至天桥路口，与天桥南大街相连。

　　前门大街在明、清直至民国时期都称为正阳门大街，老百姓们喜欢将其称为前门大街，为了顺应民意，在1965年的时候正式定名为前门大街。前门大街在明朝嘉靖二十九年（1550年）建造外城之前乃是皇帝出城奔赴天坛、山川坛的一条御路，建了外城之后成了外城一条主要的南北街道。

　　要说前门大街为何能够脱颖而出，成为一条繁华商业街，其中有偶然也有必然。早在元代的时候，北京城一直遵循着"前朝后市"的城市建制，而到了明朝，不仅一朝天子一朝臣，更是一朝天子一朝法，在城市建制上突破了以往"前朝后市"的定制，在正阳门周围以及南至鲜鱼口、廊房胡同一带，建成了很大一片商业区。

前门大街全景

铛铛车

前门五牌楼

　　恰好那时候前门大街是正东坊和正西坊的分界线，又因为正阳门（即前门）是京师的正门，所以前门大街那一带比其他城门的大街都要宽出许多，这就提供了很好的发展空间。等到明朝中期，商业发展迅速，所以就在前门大街的两侧相继出现了鲜鱼口、猪（珠）市口、煤市口、粮食店等集市和街道，至此，前门大街才逐渐成为一条真正的商业街。而且在明朝嘉靖以后，为了解决进京应试举子的住宿问题，在前门大街的两侧也建立了各地的会馆，举子们经常到前门大街购买生活用品或饮酒作乐，这也促使前门大街成为一条更为繁华的商业街。等到了清朝，皇帝下令把东城的灯市挪到了前门一带，而且为了维护皇权的尊严，戏园、茶园等只能开设在城外区域，这一举动又推动了前门大街进一步的繁荣发展。

　　这样一来，前门大街上的席棚之房逐渐改成了砖木结构的正式房间，形成了东、西两侧房间之后还有里街的三条街。东侧里街是肉市街、布巷子以及果子市，西侧里街是珠宝市和粮食市，而前门外正街的店铺创立时间大部分较晚。但无论早晚，这里几乎聚齐了老北京城的历史名店，诸如便宜坊烤鸭店、全聚德挂炉烤鸭店、九龙斋、六必居、正明斋、都一处烧麦馆、致美斋等。清朝的乾隆、咸丰等几位皇帝都曾来这里品尝佳肴美味。

　　等到清朝末年的时候，前门大街已经开始尝试着举办夜市了。光绪二十七年（1901）之后，因为在前门箭楼的东西两侧设立了前门火车站东站、西站，每天人来人往，拥挤而又热闹。时间到了1979年以后，前门大街在基本保留了原有老字号商店和传统经营特色的同时，又陆续增开了服装百货、自行车、食品、钟表等新店，繁华商业街的称呼真正是实至名归。

　　换个角度来说，前门大街拥有的不仅是令人欣羡的繁华，里面更藏着独特景致。它距离中国的"心脏"最近，民族风格保留得相当完整，而且还有闻名于世的大栅栏、八大胡同、纪晓岚故居、琉璃厂等。但在前门大街不得不提的是广和楼，它是前门大街上不能不看的一处景观。此楼建于明朝末年，又名"广和查楼"或"查楼"，曾经是京城最早、最出名的戏楼。在过去的时候，与华乐楼、广德楼、第一舞台并称为京城四大戏园，封存着老北京对梨园文化的最初记忆。还有，现在的前门大街不再允许通车，只有老北京的铛铛车（有轨电车）可以"招摇"过市。熙攘的人群中，铛铛车缓缓而过，也是一道别致、靓丽的风景线。

早已"今非昔比"的前门大街并没有因为历史的前进而黯淡消逝下去，反而留住了一份神似老北京城的热闹，听那铛铛车的铃声、饭馆门口伙计的吆喝声，大人和孩子们的欢笑声，你，还舍得离去吗？

门票信息： 前门大街免费；铛铛车（有轨电车）20元。

开放时间： 全天。

交通导航： 乘坐公交车5路、8路、17路、20路、22路、48路、59路、66路、67路、69路、82路、93路、120路、622路、623路、特4路、特7路、特11路、夜2路、夜17路、夜18路、快速公交1线、观光1线、观光2线、机场大巴西单专线、南苑机场大巴西单专线等到前门站下车；或乘坐地铁2号线到前门站下车。

大栅栏—— 此地喧嚣600年

大栅栏，是北京城中最古老、最著名而且又别具一格的古老街市和繁华的商业闹市区

推荐星级：★ ★ ★

　　大栅栏，应当读作"大石烂儿"（dà shí làn er），原来称作廊房四条，现在和过去不同的是，它指的是大栅栏街和廊房头条、粮食店街、煤市街在内的区域。

　　大栅栏地处老北京城的中心地段，位于前门大街西侧，从东至西全长约有275米。从正阳门的牌楼底下穿过，在前门大街路西，看见"珠宝市"字样拐个弯，就是大栅栏。从老北京人的口中能听到这么一句话，"大栅栏儿买卖全，车马行人如水淹"，简单的十几个字，就能让人想象出大栅栏的风貌。

大栅栏牌楼

　　将近300米长的大栅栏街，在1.26平方千米的范围之中，保存着大量原汁原味的古老建筑。大栅栏街道不宽，两侧店铺、商号麟次栉比，终日行人穿梭，热闹非凡。旧时，曾经有人这么赞美："繁华市井何处有，大栅栏内去转游。"可以说，元明清三朝时期的大栅栏就是中国商品流通市场的晴雨表。

　　若要追溯大栅栏的历史，那得回到1420年（明朝永乐十八年），算算距今得有将近600年的时光了。在明朝孝宗弘治元年（1488年），北京城中实行"宵禁"。为了防止盗贼隐藏在那些大街小巷之内，朝廷下令在北京城内的大街曲巷设立木栅栏，还要派士兵把守。到了清朝，大栅栏已经发展成了主要的商业

大栅栏的栅栏

中心。由于买卖很多，为了更好地防止盗贼，木栅栏建得比其他地方都大，也很好看，这正是这条商业街改名为"大栅栏"的缘由。说来可惜的是，在光绪二十五年（1899年），大栅栏发生火灾，木栅栏全部都被烧毁了。从那以后，"大栅栏"没有了栅栏，徒留其名。直到2000年的时候，北京市政府在大栅栏街口修建了铁艺栅栏，曾经的大栅栏才找回了真正栅栏的感觉。

要是与人提起大栅栏，无论是在国内还是国外，可都是声名赫赫。在历史上，大栅栏虽然沉沉浮浮，但是这条古老的商业街之所以能经受得住将近600年的历史风雨而未凋败，自然有它独特的地方。在老北京有顺口溜说道"看玩意上天桥，买东西到大栅栏""头顶马聚元，脚踩内联升，身穿八大祥，腰缠四大恒"等，这些说的都是早年大栅栏的地位和它的繁华景象。现如今，大栅栏的喧嚣依旧未变，古旧外貌犹存，在清除了封建社会的糟粕之后，出现的是一片全新的商业街景象。在这条街上，分布着11个行业的36家商店，除了旧址老房的北京丝绸商店、瑞蚨祥绸布店、内联升鞋店等之外，同仁堂、张一元茶庄、月盛斋熟肉店等也已经门庭更新了，每日吆喝声不断，人来人往不绝。而且，在大栅栏还有民国初年开业的北京第一家电影院——大观楼电影院，中国的首部电影《定军山》就是在这里上映的。特别值得一说的是，大栅栏街区至今仍旧保存着明末清初"三纵九横"的格局。"三纵"指的是煤市街、珠宝市街和粮食店街，"九横"指的是大栅栏的九条东西向的胡同，这也算是对历史的肯定，对记忆的封存吧！

如果你想勾起对过去的丝丝回忆，如果你想徜徉在人群中感受热闹，或许大栅栏能够满足你的愿望。

门票信息： 免费。

开放时间： 0：00—23：30。

交通导航： 乘坐公交车5路、8路、17路、20路、22路、48路、59路、66路、67路、69路、71路、82路、126路、301路、626路、646路、690路、692路、723路、快速公交1线、特11路、特4路、特7路、专1路、专2路等到前门站下车；或乘坐地铁2号线到前门站下车。

琉璃厂——名副其实的文化街

推荐星级：★★

琉璃厂是京城闻名中外的文化街，位于北京城和平门外，西至宣武区南北柳巷，东至宣武区延寿寺街，全长800米左右。

　　现在的琉璃厂大街古香古色，各家店铺都如王府大院一般雕梁画栋。黑底金漆的金字招牌，卖的都是古玩书画，整个大街上散发着翰墨书香，是一条名副其实的文化街。

琉璃厂街景

　　说起琉璃厂大街，在很久之前的辽代，这里只不过是名不见经传的一片郊区——海王村。经历过元、明朝代更替之后，这里先是开设了官窑，用来烧制琉璃瓦，后来又变成了城区，虽然不再继续烧窑，但是"琉璃厂"的名字却传了下来。现在的琉璃厂真正起源是在清代。清朝初期顺治年间，京城中实行"满汉分城居住"，而琉璃厂的附近恰好住的是汉族官员，后来全国各地的会馆也都建在了附近，所以官员和赶考的举子经常在此闲逛书市，这样一来，京城之中前门大街等各地的书市都逐渐转移到了琉璃厂。于是，繁华的市井加上便利的条件，便形成了这片"京都雅游之所"——琉璃厂，成为人文荟萃的文化街。

　　其实琉璃厂大街之所以能够如此闻名于世，与乾隆皇帝还有着莫大的关系。乾隆三十八年（1773年），皇帝要求开馆修撰《四库全书》，编修们经常要到琉璃厂阅读书籍、查找资料，他们的青睐迅速带动了整个书市的繁荣。来自全国各地的书商们都聚到这里设摊，出售大量的藏书。慢慢地，与文化相关的笔墨纸砚、古玩书画等也被搬上了台面，随之发展起来，这才有了著名的琉璃厂文化街。

　　时间倒退到几百年之前，有一条河从琉璃厂大街中间流过，那时人们来回往返于琉璃厂大街需要从桥上过。到了1927年时，这里开辟了和平门，修建了南新华街，拆除了厂桥，从此正式把琉璃厂分成了今日的东、西琉璃厂。1980年，在东、西琉璃厂两街之间的马路上，凌空架起了一座汉白玉仿古石桥，又为古老的琉璃厂文化街增添了一抹新景。

　　在琉璃厂大街上，林立着许多著名的老店，例如槐荫山房、古艺斋、瑞成斋等，还有中国最大的古旧书店——中国书店，以及西琉璃厂原有的三大书局——商务印书馆、中华书局、世界书局，大多数外国人来到北京旅游都要走到这里。当然，要说琉璃厂大街上最著名的老店，依然当属荣宝斋，甚至有人说过："琉璃厂因荣宝斋等著名文化老店而享有盛名。"这种说法不无道理。荣宝斋的前身称为"松竹斋"，光绪年间取"以文会友，荣名为宝"之意改名称为"荣宝斋"。老一辈书画家，如于右任、张大千、吴昌硕、齐白石等曾经都是这里的常客，由此可见这家被誉为"民间故宫"的老店，其名声与气魄。而且，琉璃厂大街汇集了太多的文化、历史和传奇，这里的每一片瓦砖下都可能藏着一个故事。据说，鲁迅先生逛琉璃厂竟达480次之多，而且屡有所得；听说一位古玩商人在琉璃厂街边美滋滋地喝着酸梅汤，却无意中发现盛着酸梅汤的碗，竟是价值不菲的明代万历官窑五彩；还有一个走街串巷的人愣是从一堆破烂中翻出了哥窑笔洗。真不知道，"满腹"文化的琉璃厂大街还有什么惊喜事儿等着您去发现。

提及琉璃厂，不得不说的就是厂甸庙会。厂甸庙会开始于明朝嘉靖年间，清朝康乾时期非常兴盛，在当年可是京城之中规模最大的庙会。在新中国成立之后有过复苏，但是在"文化大革命"时期却悄然消失，之后整整偃旗息鼓了30多年，直到2001年才重新出现。时值春节期间，整条南新华街全部封闭用来作为庙会场所，街道两旁密密麻麻地摆设着摊位，展示、出售各式各样的

北京琉璃厂

荣宝斋

东西，真可谓热闹非凡。现在每年举办的厂甸庙会，与南京夫子庙庙会、上海城隍庙庙会、成都青羊宫庙会并称为中国四大庙会。可以这么说，老北京人没有逛过厂甸庙会的几乎没有。而且值得一提的是，厂甸庙会是整个北京城中唯一一处不以"庙"为依托的庙会。

　　这条文化气息浓郁的琉璃厂大街，承载了数不尽的动人故事，任时空流转，淹没了曾经的太多记忆，但是街道依旧还在。倘若闲来无事，不妨过来鉴赏一下国画、油画，瞅一瞅驴皮影、兔儿爷，或许还会幸运地碰到那只会飞的竹蜻蜓……

门票信息： 免费（部分庙会票价2元）。

开放时间： 0：00—23：30。

交通导航： 乘坐公交车7路、14路、15路、45路、66路等在琉璃厂站下车；或乘坐公交车102路、105路、603路、603路支等在虎坊桥站下车；或乘坐地铁2号线在和平门站下车。

簋街——此处只能开饭馆

簋街，被称为北京的餐饮一条街，它是京城美食集中展示的一个绝佳场所。

　　位于北京城东直门内的簋街，是北京最早因为美食而闻名的一条街。在这条1 400多米长的大街上，150多家店铺之中，仅餐饮服务的店铺就占到了130家以上。只看其密度，在偌大的北京城中确实难以找到与之媲美的美食聚集地。而且，簋街也的确没有让人们失望，它在霓虹绚烂、夜色阑珊的京城之中，永远闪烁着耀眼的光芒，吸引着人们驻足不前。

　　至于簋街的历史由来，有很多个空穴来风的版本。相传在清朝年间，东直门内出现了最初形式的早市，在东直门内贩卖杂物、菜果的小商贩们一般是后

簋街夜景

半夜的时候开始蹲点叫卖，等到黎明时又四处散开。而这些小商贩们在夜晚都是以煤油灯来取光，远远看上去灯光朦胧、影影绰绰，难免让人联想到鬼火，所以那时此地被人们称为"鬼市"，慢慢就演变为"簋街"的称呼。民间还流传着另外一个说法，据说东直门大街两侧的商家店铺除了开饭馆能够生意兴隆外，其他行业都要关门歇业，而且当时这里的饭馆白天没有太多生意，一到晚上却是门庭若市、车水马龙，饭馆通常营业到凌晨甚至通宵达旦，每天夜晚都是灯火通明，因此得以"鬼街"之名。但是"鬼"字终究不雅，如若随便更改又怕坏了这里的风水，经过人们苦思冥想，最后将其改为音同字不同的"簋"字。而且还在东直门立交桥"簋街"一侧的桥头做了一个"簋"的铜像，从此便有了如今这个文明而又热闹的"簋街"。不过，这些说法都是民间相传，没有任何官方考证。如果真要了解"簋街"这个名称的由来，或许只能去问那些居住在东直门附近的老居民了。

　　来到簋街，自然要品尝这里的美味了。老北京有很多著名的小吃，如卤煮火烧、爆肚、羊蝎子等，它们都曾发源于簋街，兴盛于簋街。前几年推动簋街再次兴起的因素是赫赫有名的"麻辣小龙虾"，这种价格经济而又美味过瘾的食品在短时间内风靡了整个京城，占领了美食界的主旋律。而在近期，馋嘴蛙和重庆烤鱼等又一次成为簋街饮食的主角。簋街的主角就这么一直变换着，味道却一直这么美！除此之外，簋街又有其独有的特色之处，例如平民化的价格和服务、24小时不打烊等，都让簋街成为真正的"饮食江湖"。如今在北京，簋街早已成为人们心中的一个向往之地、一处欢乐之地。来这里并不需要你有多高的地位，也不需要你有多大的气派，结束一天繁忙工作的三五好友，可小聚于此高谈阔论、推杯换盏。大家可以在这里通宵宣泄、欢呼高唱，那时的簋街也会跟着沉浸在这样的氛围中。而且，国外的游客也很喜欢簋街，因为在这里他们可以很好地了解中国的饮食文化。

　　其实簋街就是市井，锅碗瓢盆声声不息，吃饭喝酒不甚雅致，南腔北调交相混杂，偶尔还会过来一个卖花的娇小姑娘，街头还有几个等着拉活赚钱的出租车司机。就是这简单的一切，拼凑出了北京城夜里最红火的一幅画面。

名小吃店

门票信息： 免费。

开放时间： 全天。

交通导航： 乘坐公交车406路、674路等在东直门北小街南口站下车，乘公交车635路在东内小街站下车；或乘坐地铁5号线在北新桥站下车，乘地铁2号线在东直门站下车。

烟袋斜街——活生生的大烟袋

位于什刹海前海东北方向的烟袋斜街，是北京城中最古老的一条商业街，同时也是一条非常具有传统文化特色的商业步行街

老北京城非常有名的烟袋斜街位于北京市地安门外大街鼓楼前，从地理位置上讲属于西城区厂桥地界儿。烟袋斜街东起地安门外大街，西至小石碑胡同，与鸦儿胡同相连，整条街是东北—西南走向，而且出了烟袋斜街的西南口

烟袋斜街入口

中国人文之旅
● 北京

店铺

小吃

拐个弯就能看到著名的燕京八小景之一"银锭观山"。烟袋斜街全长232米，不是很宽。不过别看街面不大，它在老北京人的心中声望可不小，而且这个街名的来由也颇有讲究。

在元代时期，烟袋斜街据守海子码头，它的地理成因可能与河道的历史变迁关系很大。根据古书记载，此街原名称为"鼓楼斜街"，在清末的时候方才改称"烟袋斜街"。

据说，清朝时期住在京城的旗人们，大多数喜欢抽旱烟或水烟，烟叶就装在烟袋中。年复一年，日复一日，由于烟袋的需求量逐渐增加，所以这条斜街上开起了一户户的烟袋铺，而且越来越多。开在这条街上的烟袋铺，大都是高台阶，门前竖一个木制的大烟袋当作招牌。黑色的烟袋杆儿加上金色的烟袋锅儿，真可谓是生动至极。既然都卖烟袋，索性就把"鼓楼斜街"改为"烟袋斜街"吧，好听又好记。除了有这种说法之外，烟袋斜街的本身就很像一只大烟袋，看那细长的街道恰似烟袋杆儿，街道东头的入口像烟袋嘴儿，西头的入口处偏偏又折向了南边，看上去很像一个烟袋锅儿。以"烟袋"命名这条斜街，也算名副其实！从此，烟袋斜街这个名字越叫越响，一直流传到现在。

　　从清朝末年直至20世纪二三十年代，烟袋斜街以经营旱烟袋、水烟袋等烟具，以及古玩、书画、裱画、文具和风味小吃、服务行业等为主，声名远播。这里每天都是人流穿梭不息，曾经还留下了不少文化名人的足迹。现如今的烟袋斜街，其两侧的建筑朴素而又典雅，明清传统风格非常惹眼，而且那种前店后居的房屋形式又呈现出了深厚的市井风情和浓郁的老北京特色。同时，街上还有很多四合院和三合院，所以这里不仅是北京城中一条古老的商业街，更是一条古老的文化街。

　　虽然这里的砖是新的，瓦是新的，但是其中蕴藏的古风古韵依然遮掩不住。烟袋斜街犹如一条奇妙的时空隧道，当你走在街上，熙熙攘攘的游人，不同的肤色，各异的语言，却都在这里寻找带有历史印迹的玩物和饰品，很多时候不经意间，你会感觉自己不知身在何处、世在何时。真是一根烟袋点残阳，尽尝古今中外味！

门票信息：免费。

开放时间：全天。

交通导航：乘坐公交车107路、124路等在鼓楼站下车；或乘坐地铁2号线在鼓楼大街站下车。

南锣鼓巷——步行要爬一个坡

南锣鼓巷是北京城最古老的街区之一，巷子南北走向，北自鼓楼东大街，南至地安门东大街，全长786米，宽8米。

　　南锣鼓巷位于北京城中轴线东侧的交道口地区，是和元大都在1267年同时建成的。因为街巷的地势中间高、南北低，犹如一个驼背老人，故此名曰罗锅巷。到了清朝乾隆十五年（1750年），改称南锣鼓巷。如今的元大都只剩片片遗址，而南锣鼓巷却保存非常完好。它是我国唯一完整保存着元代胡同院落肌理、规模最大、品级最高、资源最丰富的棋盘式传统民居区，还是北京城保护最为完整的四合院区，是最富老北京风情的街巷，世界各国的游客都喜欢到这里"迷失北京"。

南锣鼓巷全景

　　在过去的年代，南锣鼓巷属于"后市"的组成部分。以南锣鼓巷为轴线，它的东西各有8条整齐排列的胡同，大致呈现"鱼骨状"，又好像一条"蜈蚣"。据说以前在南锣鼓巷的最北处还有两眼古井，正好就成了这条蜈蚣的两只眼睛，所以南锣鼓巷有时也被称为"蜈蚣巷"。从南向北数来，西面的8条胡同分别是福祥胡同、蓑衣胡同、雨儿胡同、帽儿胡同、景阳胡同、沙井胡同、黑芝麻胡同、前鼓楼苑胡同；东边的8条胡同依次是炒豆胡同、板厂胡同、东棉花胡同、北兵马司胡同、秦老胡同、前圆恩寺胡同、后圆恩寺胡同、菊儿胡同。每个胡同都有各自的特色，藏着各自的文化。相比较其他地方，南锣鼓巷的胡同格局保存非常完整，胡同里面各种形制的府邸、宅院多姿多彩，真可谓是北京古都风貌中一块保存完整的"碧玉"，无比耐人寻味。

　　仅仅是这16条胡同的名字，就不知藏着多少历史的变迁和丰厚文化的积淀，更不用说这些胡同里面深藏着的府邸、宅院又历经了哪些风风雨雨，沉沉浮浮。那些曾经名声显赫的清朝王爷府、大学士的花园、婉容娘娘的后邸、民国时期的官宅等，总是让人感觉低头走进了京城古都的胡同，抬头却撞见了明、清、民国时期的历史。

街名牌子

胡同中的小店

60

　　南锣鼓巷最北端东边的菊儿胡同，说其名扬中外丝毫不为过。在这条菊儿胡同的东口，3号、5号、7号以及寿比胡同的6号，曾经可是清代直隶总督、兵部尚书荣禄大人的宅邸。原来的宅邸很大，一共分成三个部分，西部是西式楼房，中部为花园，东部乃是五进的中式四合院。新中国成立后这座宅邸的一部分曾经还作为阿富汗大使馆。后圆恩寺胡同的13号是茅盾的故居，故居后院的卧室、起居室以及书房等，还是按照先生生前的原貌布置的，屋内的沙发、案头的花瓶，还有壁上的对联仍然都是旧有之物。现在所有的展室都面向公众开放。茅盾先生在1974年搬到后圆恩寺胡同，直到1981年病逝，他人生的最后7年岁月就是在这个小院中度过的。后圆恩寺胡同里面曾经还住过一位大人物。后圆恩寺胡同的7号，是一座坐北朝南、中西合璧的建筑，原本是清宗室载抚（fū）的宅邸。载抚可是庆亲王奕劻的次子，当时堪称"风月场上魁首，赌博局中豪客"。在抗日战争胜利以后，从1945年12月到1949年1月期间，这座宅邸成了蒋介石在北平的行辕。而且蒋介石在这里居住期间，还办过两次重大活动，一是1945年12月，曾经以"抗战领袖"的身份慰问北方同胞；二是1948年9月，曾经在此应付辽沈战役。纵跨炒豆胡同和板厂胡同的僧王府，曾是清代大

蒋介石行辕

茅盾故居

将僧格林沁的王府，规模相当大，前门在炒豆胡同，后门却建在板厂胡同；炒豆胡同的西口，原来曾是僧格林沁家的祠堂，将祠堂和王府建在同一条胡同，当时在北京城中还是孤例。除此之外，国画大师齐白石曾经住在雨儿胡同的13号，秦老胡同的35号原是清朝内务府总管大臣索家的府邸；黑芝麻胡同的59号曾是明末降清将领洪承畴的府邸，诸如此类的府邸。宅院还有很多很多，每一个庭院都不知其究竟深几许，每一个院落似乎都在诉说着古老的故事。

南锣鼓巷距今已有740多年的历史，这条绝无仅有的老北京胡同，完美地结合了老北京的传统与文化生活。今天的南锣鼓巷到处都是胡同、音乐、美食与各种创意小店，让人会情不自禁地感叹，古老文化与时尚生活竟然可以对接得如此天衣无缝，似有似无之间，总会让人觉得是在古今交错的时光之中、中西合璧的空间之中徜徉。怀念老北京的人们喜欢来到这里，因为这里藏着最地道的北京味儿；外国朋友喜欢来到这里，因为这里有他们向往的雅致情调和浪漫情怀，不信你看，"在别处""转角遇到爱"等，只是听到这些店名就会让人无限神往。像是那家位于南锣鼓巷北口西侧的"若水堂"，一直以来都是以油纸伞著名，早在南锣鼓巷声名鹊起之前，这家油纸伞门店就已经在这里默默地存在了好久好久。

南锣鼓巷非常值得一提的还有这里的酒吧。从21世纪开始，在不经意间，这条古老的小街上出现了许多酒吧，成为继三里屯、后海之后北京的又一条新的酒吧街。整条酒吧街都是以四合院小平房为主，门前高高挂着小红灯笼，装修风格很好地回归了传统、朴实。而与三里屯、后海不同的是，南锣鼓巷的酒吧大多比较安静、自然，这些酒吧身居闹市之中却远离了闹市的喧嚣，显得更加贴近生活。有人曾经这么说过，三里屯没有做到的，南锣鼓巷做到了，后海失去的，南锣鼓巷又给找了回来。人们来到这里，能够体验到老北京四合院的气息，可以远离喧闹，享受身心的完全放松，或看看书，或带着电脑来加班，或者好久不见的朋友小聚，或者洽谈一些公务。这里的酒吧老板和服务员都很随和，能够给人一种家的感觉。

　　走在南锣鼓巷，能感觉京城几百年的往事都在这里流动得错落曲折，那些人和那些事或许已经成为历史硝烟里悲壮的挽歌，但是几百年的青瓦灰墙依然风雨不改，轻轻地诉说着往昔的峥嵘岁月。穿梭在小街小巷中，白天可以感受胡同中浓郁的京城韵味，晚上可以游荡在一家家个性创意的小店，或者迈入某家小酒吧自饮一杯。虽然时光已然在这里老去，但是也永久地回荡在这里，只等着你的亲身感受……

门票信息：免费。

开放时间：全天。

交通导航：乘坐公交车107路、124路等在宝钞胡同站下车，乘公交车13路、60路、118路等在锣鼓巷站下车；或乘坐地铁5号线在张自忠路站（或北新桥站）下车。

帽儿胡同——婉容的娘家

著名的帽儿胡同位于北京市东城区的西北部，东起南锣鼓巷，西至地安门外大街，是当今北京城的十大胡同之一，排名第四。

现在的帽儿胡同，在明朝的时候称为梓潼庙文昌宫，到了清朝才改称为帽儿胡同。帽儿胡同位于南锣鼓巷和地安门之间，呈东西走向，全长585米，宽7米。它虽然经历了长久岁月的蚕食，但是仍然保存着原来的风貌，全然没有平常老街旧巷的落寞。浓密翁郁的林荫道下，偶尔会有时尚跑车与古老三轮车交错行驶在红门灰墙之间，隐隐能够透出帽儿胡同的非凡地位。

帽儿胡同景象

婉容娘家院内

胡同中的四合院

  其实也难怪帽儿胡同的地位非凡不同，那是因为这里曾经的庭院和这些庭院的主人真的不容小视，很多四合院到现在依旧保存完好。俗话说，"帽儿胡同旧迹多、名人多、故事多"，一一道来恐怕说不完，拣几个具有代表性的说吧！

  旧时帽儿胡同的5号、6号与7号（现在的7号、9号、11号、13号、15号）原来本是两个宅邸连成的一组建筑群，东、西两个宅邸各有一个花园。东园就是赫赫有名的可园。说起可园，鲜有人不知，它是当时京城之中最富代表性的私家园林之一。可园是清朝光绪年间武英殿大学士文煜的私家花园，是个仿照苏州拙政园、狮子林建造的大四合院。整个可园南北长度不过100米，东西宽度也就不过30米，可谓前园疏朗，后园幽曲。园中翠竹掩映的假山、曲曲弯弯的小径、欣欣向荣的满园花草、点缀松槐浓荫的透石和日晷，构成了天下无双的人间美景。园子虽小，却可人心意，因此取名"可园"。

  而原来帽儿胡同的15号（现在的35号和37号），曾经是清朝逊帝宣统的皇后婉容的娘家。婉容在大婚之前就住在这儿，俗称娘娘府。回想当年，末代皇帝溥仪无比隆重地从这里接走了他的16岁新娘，那时的帽儿胡同是何等风光！载涛贝勒负责总办大婚典礼的一切事宜，议定大婚经费需要100万两银子。为了筹措这笔浩大的开支，清朝皇室将41箱金银器皿、两大木桶瓷器玉器，用11辆汽车运往东交民巷英国汇丰银行抵押借款。1922年12月1日的零时前后，迎娶婉容的凤舆准时出宫，前往帽儿胡同，就此揭开了末代皇帝大婚盛大典礼的序幕。那一天，从帽儿胡同直到皇后宫邸，沿途观者多达数万，军警林立，汽车、马车、洋车实在难以计数。真可谓是"上轿成君王人，再回头是百年人"。在帽儿胡同里出生长大的婉容，即使不幸成了"末代皇后"，也曾使她的门庭蓬荜生辉。时至今日，婉容的娘家故里依然是整个帽儿胡同里的亮点。

帽儿胡同之所以在明朝的时候被称为梓潼庙文昌宫，也是有原因的。帽儿胡同的21号，原本是建于明朝成化年间的文昌帝君庙，当年有山门、前殿、中殿、后配殿以及东跨院等诸多建筑。前殿为"魁星阁"，供奉着"魁星点斗"像一尊；中殿为"文昌宫"，供奉"文昌帝君"坐像一尊。要问文昌帝君为何人，乃是民间传说的文曲星，掌管着人世间的功名、禄位。不过，如今寻找文昌帝君庙已然无果，原址已经成为帽儿胡同小学。

这就是帽儿胡同，不长不宽的帽儿胡同，新与旧、土与洋，传统和现代，安静和热闹……编写着丰富多彩的历史。胡同的很多院落里，总有那么一棵不知道已经活了多久的老树，或是枣树，或是柏树，或是杨槐，摇着蒲扇的老人们喜欢坐在树荫儿里扯着闲篇儿；孩子们更乐于在院落的门口三五嬉戏。胡同街边的棋局，永远都不会成为满是硝烟的战场，虽然也有厮杀，但是更多的是欢笑和畅快淋漓。如果要将生活在某个瞬间定格，我们都想要的幸福应该就是这种悠悠的闲淡吧！

门票信息： 免费。

开放时间： 全天。

交通导航： 乘坐118路电车、13路、42路、60路、612路、623路、701路等在地安门东站下车。

砖塔胡同——北京胡同的"根"

砖塔胡同，位于北京城西四牌楼的附近，是北京市历史最悠久的胡同之一，也是目前遭到破坏较少、风貌保存较好的胡同之一。

　　说起砖塔胡同，得要先说说"胡同"。"胡同"一词的称呼始于元代大都，在当时一共出现过大约29条胡同，但是唯有一条胡同有详细的文字记载，这条胡同，就是现在的砖塔胡同。用行家的话来说，砖塔胡同就是老北京胡同

的"根"。元代时期北京城中胡同的名称保留到现在的已经为数不多了，砖塔胡同就是其中的一条，从古至今，已经有700多年的历史渊源了。

而砖塔胡同这一名称，源自于矗立在这条胡同中的一座青砖古塔。既然已经说起了砖塔胡同，就不能不提这座砖塔。胡同里面的这座青砖古塔乃是元代名臣耶律楚材的老师、金元之际的高僧万松老人的葬骨塔。此塔正名曰"元万松老人塔"，是一座八角七重檐的青灰色砖塔，早在元代书籍中就有文字记载，称它为"羊市塔"，注明是"砖"。

万松老人何许人也？万松老人本姓蔡，名行秀，乃是河南洛阳人。他15岁的时候在河北邢台的净土寺出家做了和尚，之后便云游四方，后来在河北磁县的大明寺继承了雪岩满禅师所传的佛法，专攻禅学，之后又重返净土寺，并在其中建造万松轩居之，因此自称"万松野老"，而世人敬称其为"万松老人"。万松老人可谓是博学多才，深通佛学，而且讲经说法能够透彻警人。当他来到燕京之后，立刻受到了金章宗的极大赞赏。后来元朝定都北京，元世祖、重臣耶律楚材慕名而来，投身万松老人门下，参学三年。三年之中，万松老人给元世祖讲经说道，告诫他必须要以儒治国，以佛治心，切勿乱施暴政，不能祸国殃民。后来万松老人圆寂，人们为了纪念他，建造了这座朴素别致的青砖古塔。

不过后来砖塔逐渐无人问津，不知何年何月何人，竟然倚塔造屋，再之后居住在此的人更是开起了酒食店，竟有200年塔中不见香灯。直到明朝万历三十四年（1606年）的时候，有一个叫乐庵的游僧，从南方游历至京城，当他看到这座处在酒食店之中的万松老人塔时，顿时醒悟。于是，募捐将此塔买下大加翻修，而后长期在此居住守护砖塔。游僧乐庵死后，砖塔又是草荣其顶，破旧不堪。清朝乾隆十八年（1753年）的时候，按照原来的规模对此塔进行了重修；民国16年（1927年），在砖塔的北侧开了一个小门，门檐上书"元万松老人塔"。

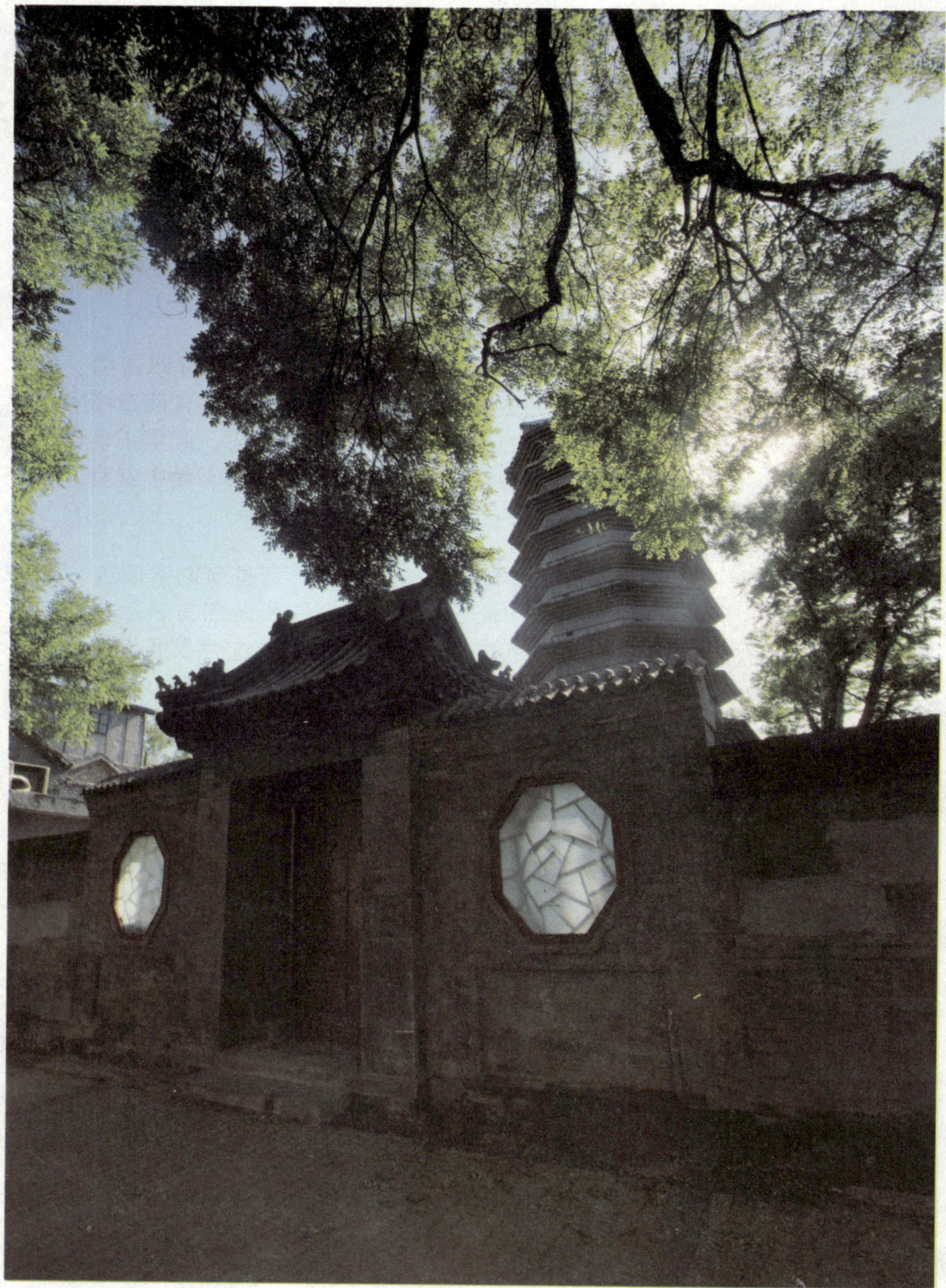

古塔

　　砖塔胡同因为青砖古塔而名，砖塔有砖塔的历史，胡同自身同样经历着时代的变迁，演绎着自己的故事。在元、明、清三个朝代，砖塔胡同一直作为戏曲活动的中心，也就是所谓的"勾阑""瓦舍"之所。全盛时期胡同里面竟有十数家戏班，是旧时北京城中最为热闹的地方之一。直到1900年八国联军侵入北京城中，砖塔胡同里的戏班和乐户们纷纷逃回家乡，至此砖塔胡同渐渐变成了居民区，慢慢地归于了宁静。

　　在近代史上，有很多名人曾经在砖塔胡同里面居住过。1923年，鲁迅在与周作人反目之后，从八道湾搬来了砖塔胡同的61号（现在的84号），并且在这里写出了《祝福》《在酒楼上》《幸福的家庭》《肥皂》和《中国小说史略》等作品。鸳鸯蝴蝶派的著名作家张恨水曾经也是居住在砖塔胡同的43号（现在的95号），而且在这里走完了他的人生旅程。还有刘少奇，1927年随北方局由天津迁到北平的时候，暂住在砖塔胡同四眼井10号的同事家中。

　　今天的砖塔胡同已经成为安宁之地，或许很少有人记得它是老北京胡同的"根"，但是那又何妨呢？万松老人的青砖古塔犹在，因塔而名的胡同也还在，这就够了！

门票信息： 免费。

开放时间： 砖塔胡同全天，元万松老人塔8：30—18：00。

交通导航： 乘坐公交车101路、102路、103路、612路、685路等在白塔寺站下车；或乘坐公交车109路电车、109路等在西四丁字街站下车。

百花深处——诗意盎然意境幽

百花深处是北京西城区东北部的一条胡同，东起护国寺东巷，西到新街口南大街，北与新太平胡同相通，南与护国寺西巷相接。

"十里楼台倚翠微，百花深处杜鹃啼。"偶然听到百花深处，任谁也不会想到这是一条胡同的名字，但是它偏偏就是老北京西城区东北部的一条胡同。可以这么说，百花深处是老北京城街巷胡同名称中最为雅致的一个。不过在清朝乾隆十五年（1750年）的时候，还是称其为花局胡同，当时是一个种植花卉的地方。时值光绪十一年（1885年），改称为百花深处胡同。到了民国之后，为了使其显得更加雅致、悦耳，去除了"胡同"二字，简称如今的名称。

一个诗意盎然的百花深处胡同，必然牵扯着一段美好的回忆或故事。相传在明朝的万历年间，有一对张姓夫妇在老北京城新街口南的小巷之内买了二三十亩的空地，当时就以种菜为生。夫妇二人勤劳踏实，每日辛辛苦苦，慢慢地积攒了一些钱，就在园中种植了些许树木，偶尔还会叠石为山，挖掘水

胡同名称牌

百花录音棚

池，后来还修建了草阁茅亭。久而久之，原本的一块菜地便成了一个十分幽雅的地方。再之后，夫妇二人又琢磨着开辟荒地种植牡丹、芍药，还在池子里种下了莲藕。每到夏日来临，当夕阳西下、余晖尽染的时候，夫妇二人就会划着小舟，来往于绿波之中，顿时就会香风扑面。而且，只要在那园中，无论是黄菊澄香的秋天，还是梅花晴雪的冬日，都能令人心旷神怡。在那时候，北京城中的很多士大夫们都会慕名前往此地游赏，所以北京人喜欢称其为百花深处。如此曼妙意境之中生活着浪漫、幸福的夫妇二人，也能担得"百花深处"一说。

或许是老北京城的有名胡同太多，或许是百花深处这条胡同的名字本身太过优雅，人们可能对这条胡同的印象不是太深，但是说起发生在百花深处胡同的一些故事，肯定会有人恍然大悟，"原来是这"！在过去那个摇滚泛滥的年代，这条胡同的深处，也就是"新街口百花深处胡同16号"，正是张晓微的百花录音棚的所在之地。百花录音棚应该是当时北京城中最早的几个录音棚之一，当年有不少音乐人都在这里折腾过音乐、制作过梦想。

一一数来，《北京摇滚》出自于此地，唐朝的《唐朝》、张楚的《姐姐》以及何勇的《垃圾场》等也都是出自百花深处胡同的百花录音棚中，还有更多的摇滚乐手专辑和小样也都出自于此。那是一个炎炎夏日，深夜的百花录音棚中走出了疲惫劳累、才思枯竭的陈升，当他站在百花深处的胡同口，哼着"One night in Beijing"的时候，就此成就了《北京一夜》，这是一首美得犹如舞龙游凤的曲子。

百花深处胡同的雅美意境是有目共睹的，曾经，老舍先生这样地描写过百花深处这条胡同："胡同是狭而长的。两旁都是用碎砖砌的墙。南墙少见日光，薄薄的长着一层绿苔，高处有隐隐的几条蜗牛爬过的银轨。"顾城还有一首诗，诗中说："百花深处好，世人皆不晓。小院半壁阴，老庙三尺草。秋风未曾忘，又将落叶扫。此处胜桃源，只是人将老。"他们的话语中不乏对百花深处胡同的溢美之词，由此可见这条胡同的迷人之处和深深底蕴。再加上百花深处胡同周边闻名京城的护国寺小吃街，让这条胡同成了人们游览北京城必到的一个地方。

　　偶然，或许你还会在胡同的路口碰到一位文艺青年，或许是一头长发，或许是一袭大衣，或许在埋头思考，或许在仰望天空，又或许是行色匆匆。这条百花深处胡同自从万历年间开始，从过去的绿茵红花到今日的斑驳墙面，坐看百年时光弹指一挥间即逝，古老的胡同依旧还在，只是要等的那位伊人呢，为何千年还不来？

门票信息： 免费。

开放时间： 全天。

交通导航 乘坐公交车609路在护国寺站下车；或乘坐地铁4号线大兴线（安河桥北方向）在平安里站下车。

灵境胡同——老北京最宽的胡同

灵境胡同是北京城西单附近的一条东西向胡同，东自府右街，西至西单北大街，全长664米，是老北京城中最宽的一条胡同。

要说起灵境胡同，老北京城的许多人都知道。它位于北京西城区的中部，是一条贯穿东西的长胡同，也是老北京城所有胡同中最宽的一条。

灵境胡同的名称源于一座道观，这里面的故事丰富多彩。那座道观名曰灵济宫，始建于明朝永乐十五年（1417年）的三月，当时是为了祭祀南唐人徐知证和徐知谔两位神仙兄弟而修建的。灵济宫地势宽敞，殿堂修得宏伟壮观。

灵境胡同全貌

灵境胡同一角

名称牌

　　传说，徐知证和徐知谔兄弟俩都有神奇的本领，而且喜欢助人，为人解难。当年在明成祖朱棣北征清剿元军的时候，开始一段时间作战不利，屡战屡败，愁煞了明成祖。后来他请来这两位神仙兄弟暗中助阵，果然取得胜利。一转眼明成祖夺取了皇位，迁都到北京城。有一次朱棣生大病，梦中再见这两位神仙送来了神丹妙药，帮助其祛除了病患。这下明成祖很是高兴，于是下旨在西苑外建造灵济宫，专门用来祭祀这两位神通广大的神仙，而且还给他们封了名号，一位叫作玉朗真人，一位称为金胭真人，并且将他们的夫人都封为仙妃。到了第二年，也就是明朝永乐十六年（1418年）的时候，这两位神仙又升了级别，由原本的真人改封为真君，从此就和二郎神平起平坐了。等到了明朝成化二十二年（1486年）的时候，这两位真君的名号又大大提升，明宪宗朱见深直接将他们封为上帝。上帝的地位何等之高，可见两位神仙在当时皇帝心目中的地位何等重要。人人都是爱屋及乌，两位神仙受此恩宠，那么他们的灵济宫当然也会深受皇帝的垂青。每年的元旦、新春、冬至以及两位上帝诞辰的那天，朝廷都会派遣太常寺的官员前往灵济宫行礼，真可谓是极尽礼数！不过不知道出于何种原因，到了崇祯十五年（1642年）的时候，突然有位大臣向皇帝写了一个奏章。奏章中说灵济宫供奉的两位真人乃是叛臣之子，不宜受朝臣的拜跪，而且还请示用帐幕将其塑像遮盖起来，停止一切祭祀活动。崇祯皇帝还就认可了奏本，从此以后，灵济宫便慢慢地衰落了。

真人真假难以明辨，但是这座灵济宫的名称却留在了民间，在人们的口口相传中，逐渐把"灵济"变成了"灵清"，后来又转为"灵境"，久而久之，道观的所在地就变成了如今的"灵境胡同"。如果要以西黄城根为界限，灵境胡同分为东西两段，西段称为灵境胡同，东段称为黄城根。1949年以后，西段的灵境胡同和东段的黄城根合并在一起，统称为今天的灵境胡同。

如今，随着时代的不断变迁，这条带有古老传奇色彩的灵境胡同每天都在发生新的变化，经过一次次的拓宽改造，现在看来，灵境胡同如果改称灵境大街真是再恰当不过了。昔日的灵济宫早已不见，不知道那两位真人是否还执着地守在这片古老的皇城根下。

门票信息： 免费。

开放时间： 全天。

交通导航： 乘坐公交车109路、109路电车、604路、102路等在甘石桥站下车；或乘坐地铁4号线在灵境胡同站下车。

钱市胡同——最窄处只有0.4米

钱市胡同是北京城有名的一条老胡同，位于北京市珠宝市街西侧，临近著名的商业区大栅栏。

　　在老北京城中，有一条胡同全长55米，它的平均宽度只有0.7米，最窄的地方仅仅0.4米，这条如此之窄的胡同就是钱市胡同。它在历史上和现在一直都是北京城中最窄的胡同，如果两个人要想对面走过这条胡同都要侧身而行，一个人推着一辆自行车一般都难以通行。

　　不过你可别因为这条胡同狭窄而小看了它，它在历史上的名气和地位可是非同凡响。胡同西面的尽头有一座庭院，上有罩棚，旁设铺房，那里曾经是清代官办的银钱交易大厅，简称就是"钱市"，是早期金融市场的雏形。钱市胡同的名称也是由此而来的。不过，据说当时的钱市胡同还算比较宽敞，不像如今这般狭窄。

　　钱市胡同怎么就建在这里了？其实，"钱市"的形成与"炉行"有很大的关系。所谓炉行，也就是过去官家批准熔铸银锭的作坊，早在清代的时候，

钱市胡同最窄处

钱市胡同最宽处

珠宝市街是炉行最集中的一片地段，所以慢慢地形成了钱市。在清末"废两改元"实行之前，北京城里所有的钱庄、粮栈以及各行各业较大的商号，每天的早上都要去钱市参加交易，需要在那里将银两兑换成制钱，或是将制钱兑换成银两，于是那时候的钱市就成了重要的金融市场。等到民国以后，炉行逐渐萧条下去，钱市变得无市，方才改建成银号铺房。当时，钱市胡同两侧的铺房银号钻法律的漏洞，毫无节制地扩建他们的商号建筑，侵占公共通道，最终使得钱市胡同成了北京城中最窄的一条胡同。

虽然钱市胡同非常狭窄，但是这并不代表这里没有游览、参观的意义。钱市胡同里的一些建筑非常独特。在胡同中，街南是四组三合院和一间铺面，街北的四周都是独立式的房屋，有二层、三层楼。街南的三合院建筑结构都是采用中国传统的木结构形式，砖门楼，抬梁式屋架，再加上仰合瓦顶，屋顶现在还有气窗，所以应该是炉行冶炼银锭的作坊；而北面的楼房具有中、西两种式样，栓、窗套、檐口线脚和铁花护栏等装饰，都体现着中西结合的完美风格；小巷子的西端是钱市的两排平房，中间的天井升高，上加五撺悬山式屋顶，两侧升起天窗。在如此狭小的一片土地中能够创造出紧凑而且多样的建筑空间环境，不仅能够反映钱市胡同这条街巷的特有属性，更能从中看出过去建造设计者的那份聪明才智。

时至今日，炉行、钱市早已被人们遗忘，但是钱市胡同里依旧存留着"大通银号""万丰银号"等早期金融企业的建筑，甚至有的院落还保存着清朝光绪年间的木架构天棚，有的门框上面还钉着旧时"京师商务会"的铁艺牌照。你不妨过来走走，即便不换银子，也可以看看往日的金融市场究竟是何等风貌。

门票信息： 免费。

开放时间： 全天。

交通导航： 乘坐公交车5路、8路、17路、20路、22路、48路、59路、66路、67路、69路、71路、82路、126路、301路、626路、646路、690路、692路、723路、快速公交1线、特11路、特4路、特7路、专1路、专2路等到前门站下车；或乘坐地铁2号线到前门站下车。

东交民巷、西交民巷——江米巷化身使馆区

前门大街是北京城中著名的商业街，恰好位于京城的中轴线上，北自前门月亮湾，南至天桥路口，与天桥南大街相连。

　　东交民巷和西交民巷分别位于北京市中心天安门广场毛主席纪念堂的东、西两侧，平行地夹在了长安街与前门东、西大街的中间。在过去的时候，它们叫作江米巷，明清时期的地图上都是称为"东西江米巷"。

　　其实很好理解，江米巷意即这里曾是买卖江米的地方。明朝万历年间，从南方运到北京城的大米都要在这个地方卸货、集散。过去人们总是喜欢把南方的糯米称作江米，久而久之，这个地方便被老百姓称作"江米巷"，成了一条以商品名称命名的胡同。

　　当然，江米巷中也不仅仅只是买卖糯米，关于这两条老北京胡同的悠久历史和故事非常丰富。由于江米巷的北面不远处便是旧时的紫禁城，其位置非常重要，所以明朝的时候，朝廷在这里建立了很多中央衙署。当时吴三桂降清之

夜晚的江米巷

西交民巷路牌

前的老家也在东江米巷里面，他的父亲吴襄就是在这里被李自成的农民军杀掉的。那个时候，东江米巷的西口有座"敷文"牌坊，西江米巷的东口有座"振武"牌坊，两座高大牌坊一文一武，遥遥相对。

大家都知道，清朝奉行的是闭关锁国政策，皇帝不愿意和外国通商，也拒绝外国使节进驻北京，不过对邻国的友好往来还是可以以礼相待的。那时候最早和清朝建立联系的就是野心勃勃的帝俄，不仅派遣了使者到北京，还在康熙三十三年（1694年）的时候在东江米巷的御河桥西建立了一座俄罗斯使馆，这个举动首开了将东江米巷变为使馆区的先河。但是因为清朝的软弱，在第二次鸦片战争战败之后，俄、英、美、法等很多国家相继在东江米巷里面圈地为自己建立使馆。这时的江米巷早已不再买卖糯米，既然已经名不副实，不如改名易姓，于是东、西江米巷就因它们的谐音而改为现在人们熟知的东交民巷和西交民巷。

不过，虽然很多国家在胡同中建立了自己的使馆，但是无论如何这里还是清朝的土地。那时候，东交民巷里面还有很多中国人居住，他们十分憎恶那些洋人的霸道行径。清朝的大学士徐桐曾经就住东交民巷的路南，有些外国人总是想要购买他的房产，都被他严词拒绝了，并且在自家大门上写下了"望洋兴叹，与鬼为邻"的对联，当时传遍京城。可是到了1900年的时候已然不再如此。那年八国联军侵占北京，在城中烧杀抢掠，东交民巷里面的户部银库被日本侵略军抢走了三百万两白银，就连翰林院中的"永乐大典"和"四库全书"等珍品也几乎全被毁尽。到了9月7日，腐败的清朝政府更是与11个帝国主义列强签订了《辛丑条约》，将东交民巷正式划为使馆区，而且允许各国在里面驻兵，巷内的中国居民全部被迁出，清朝政府的衙署也被烧拆一空。

屈辱压迫着中国人民，炎黄子孙的热血和激情终于爆发，正义终究战胜了邪恶。1949年2月1日，中国人民解放军全副武装地通过了东交民巷，从此彻彻底底地结束了中国人不准踏上中国领土的局面。至此，东交民巷重新回到了中国人民的手里，这才有了人们今天能够看到的东交民巷和西交民巷。

　　如今，东交民巷、西交民巷两条胡同中，街道整齐，环境宁静，巷子里面两边的西洋建筑更是风格各异、错落有致，这里也是北京唯一一处洋房林立的特色街巷。东交民巷里面有著名的法国使馆旧址、法国邮政局旧址、东方汇理银行旧址、圣米厄尔教堂等，西交民巷之中有法国农业银行旧址、大陆银行旧址等。这些经历整整一个世纪的西洋建筑，总是向人们默默地讲述着那一段辛酸屈辱的沧桑历史。当你游走其间，难免会平生几分怀旧忆古的浓愁思绪。

门票信息： 免费。

开放时间： 全天。

交通导航： 乘坐公交车41路、60路等在正义路南口站下车，乘坐8路、9路、特11路、59路、723路、729路等在正义路站下车，乘坐9路、特2路、44路内环、44路外环、723路、729路等在台基厂路口西站下车；或乘坐地铁1号线在天安门东（西）站下车。

地坛庙会——现代的《清明上河图》

中国人非常重视旧历年和传统节日，其中尤以春节的活动最多。北京人逛地坛庙会，已经成了春节期间最大的民俗活动，有人称其为"中国人自己的狂欢节"。

作为北京城中恢复最早的庙会，地坛春节文化庙会以地道的民俗、传统的民间特色闻名于京城。届时，各种文化、各种民俗、各种风情尽展无遗，甚是热闹。春节期间逛地坛庙会已经成了京城老百姓沿袭多年的一种习俗，也是北京人欢度春节的重要方式之一。

地坛庙会景象

中国人文之旅 ● 北京

天桥绝活

百戏名曲

　　说起北京城的地坛庙会，也算有些年头了。开始举办地坛庙会是在1985年，到现在为止已经成功举办了很多届。每届地坛庙会都要吸引中外游客百万余人次，成为和哈尔滨冰灯节、自贡灯会、潍坊风筝节并称的中国四大群众文化活动之一。地坛庙会之所以能够享誉中外，主要是因为它具有较高的艺术品位和鲜明的民族特色。地坛庙会的胜景甚至被誉为"现代的《清明上河图》"和"中国人自己的狂欢节"。

　　地坛庙会以"贺新春、庆佳节、众民乐"为主要宗旨，选择老百姓喜闻乐见的文化活动形式和内容，完美地将百戏名曲、民间花会、天桥绝活、祭地礼仪、茶艺书画等不同系列的文化内容汇聚一场；将民族、民俗、传统、现代、乡村、城市等多种文化形式复合为一个整体；把全国各地的美食名吃、杂艺百货集于一会，兼顾了男女老少、志情雅俗不同的欣赏品位和文化需求，而且非常注重闹与静、里与外、观赏与参与等，具有多方位、多层次、多角度的活动形式和内容。

　　其实千百年来，每一处、每一场庙会的文化核心一般都是以祭祀为主的，所以往年地坛庙会的主题都会包括年货、祭地以及娱乐节目等。如果真要一一总结，北京地坛庙会上的亮点主要包括：①文化地坛。在地坛庙会上，你可以看到皇家文化和民俗文化交相辉映，而且融合得相当完美。②和谐地坛。在这里，你能体验到黄发、垂髫的怡然自乐，雪后冬日，带着孩子和老人一起逛游地坛，也不失为一件乐事。③悠闲地坛。可以毫不夸张地说，在地坛庙会的一天之内，可以尝尽神州大地的南甜北咸、东辣西酸。④公益地坛。在春节期间的地坛庙会上，你能够感受光荣和梦想的高度浓缩。⑤体贴地坛。尽管北京城的地坛庙会可以用人山人海来形容，但是人性化的到位服务措施能够给人们带来贴心的照顾，根本不用担心安全问题。

这每一年的地坛庙会上，仿清祭地表演都是独有的一个传统节目，场面非常宏大，能够很好地再现清代皇帝祭地，祈求地神保佑国泰民安、风调雨顺、五谷丰登的庄严景象。如果你要寻觅小吃的极致火爆场面，地坛庙会无疑是最能满足你的，在京城的各家庙会中，"吃在地坛"的说法早就已经被人们所熟知。每年的地坛庙会上，都会汇集东西南北各地的众多风味小吃，当然，还是以北京城的特色风味小吃最为有名、最受欢迎。

所以说，不管你是地道的老北京人，还是初来乍到的外地游人，如果有机会在北京过年，一定要抽时间到地坛庙会逛逛，好好地玩乐一番，否则别人可能会说你，"三十夜里熬稀粥——真不像个过年的样子"！

门票信息：10元。

开放时间：每年的腊月三十至正月初七，每天9：00—17：00。

交通导航：乘坐公交车13路、44路、62路、116路、606路、684路、800路等在地坛南门站下车，乘公交车18路、27路、104路快、104路、108路、113路、119路、124路电车、328路、358路、407路、430路、643路、644路、758路、803路、850路、858路、特2路等在地坛西门站下车，乘公交车125路、117路等在地坛东门站下车；或乘坐地铁2号线在雍和宫站或安定门站下车，乘地铁5号线在雍和宫站或和平里北街站下车。

老北京话——耐人寻味的"京腔"

老北京话属于北京官话，主要流传于北京城区。尽管普通话是以北京官话为基础，但是北京官话和普通话还是存在一定的区别。所以，老北京话也算是一种方言。

　　老北京话属于北京官话的京师片，距今已有400多年的历史。老北京话说起来的时候带有明显的儿化尾音，语言显得很是绵软，所以有人把老北京话的浓重口音称为"京片子""京腔"。

　　对于老北京话的语音和词汇系统受到满语以及满式汉语影响的程度与范围，曾经有人提出了商榷。有一种观点认为，老北京话中的轻声和儿化尾音等语音现象明显是受到了满语或满式汉语的影响而产生或逐渐加强的，但是也有观点认为它们就是汉语自身发展的一种结果。我们暂且不讨论语音和词汇系统的专业知识，仅就老北京话存在和发展的历史而言，就足够丰富有趣了。

　　老北京城的历史很悠久，但是真正的老北京话的历史并不是很长。元代定都北京城之后，官方场合所用仍是中原口音，只是稍微与本地方言有了一些结合，形成了那时的大都话。朱元璋灭元以后，大都话口音逐渐减弱，当时因为河北移入人口较多，所以北京民间的方言都以河北口音为主，而官方则使用"雅言"，也就是河南官话。等到了朱棣迁都北京，江淮官话等也对北京方言产生了一定的影响。清军入关以后，前期和中期的时间段内上朝都采用满洲话，但是民间不同，慢慢地出现了一种旗下话、土话、官话三者杂糅的趋势。老北京话正是这三者结合的产物，而之所以老北京话的音调较高，那是因为受了东北话的影响。在1728年的时候，雍正设立了"正音书馆"，开始在全国普遍推行北京话，甚至当时还规定，读书人如果听不懂北京话就不能参加科举考试；但是地方之间相互推诿，所以时值嘉庆年间，各个"正音书馆"纷纷关闭，无法存活。到了民国时期，老北京话的地位曾经饱受争议。整体来说，最后开会争论的结果还是决定以北京语音为"基础"，同时吸收其他方言的一些语音特点。经过审定的汉字读音被后人称为"老国音"。但是这个政策推行了不到两年，1920年就爆发了一场当时名为"京国之争"（即指京音和国音）的大辩论，国语的标准音分成了支持国音和支持京音两个派别。这次争议旷日持久，在1913年的时候，"读音统一会"拟定的国音正式被修改成为京音，1932年又对国音以北京音为标准的含义做出了更加明确的说明。1949年新中国成立之后，经过仔细研究，最后决定将民族共同语称为普通话，就是以北方话为基础方言、以北京语音为标准音的普通话。1956年，把普通话的定义增补为"以北京语音为标准音，以北方话为基础方言，以典范的现代白话文著作作为语法规范的现代汉民族共同语"，从此使得普通话的定义更为科学、周密。

很多人都说老北京话听着舒服，觉着简单，但是真正想要学会却特别难。其实这也正常，北京城乃是千年古都，它的发展融合了多个民族的文化、习俗和语言，时间这么久了，自然就产生了极富本地特色的京腔、京韵的老北京话，想要轻易就能学会，那怎么行呢？

其实，老北京话有一个很明显的特点，只要经常听到老北京人说话，就不难发现老北京话特别爱加儿化尾音，在闲谈之中总会蹦出那么几句。你看一个北京哥们编的顺口溜儿："酒糟鼻子赤红脸儿，光着膀子大裤衩儿。脚下一双趿拉板儿，茉莉花茶来一碗儿。"几句话中就能看出老北京话的特点。不过你可得弄清楚一件事，老北京话虽然都爱加上儿化尾音，但是在不同的时候、不同的环境、不同的语句中，意义可是完全不同的。有的时候，儿化尾音就是娇小、喜爱、亲昵的意思，像是"发小儿""老伴儿"，透着一种亲切感；有的时候就是表示灵巧、俏皮和诙谐，比如"小小子儿，坐门墩儿"，不难看出小孩的顽皮心性；还有的时候，儿化尾音会暗示虚化、抽象化的辅助方式或者材料，如经常会听到别人说的"头儿"，指的可是上级领导，而不是脑袋。

要想真正了解老北京话里面的文化，或许比了解老北京城都要难。如果有时间，找个晒太阳的老北京人坐下来沏壶茶，和他神侃一会儿，扯个闲篇儿，或许就会明白很多。其实，听一听那耐人寻味的"京腔"，顺便学几句老北京话，也不失为一种很大的乐趣！

经典老北京话：

1. *劳驾*——谢谢您，帮个忙。例：劳驾您，让一下儿。

2. *炸了庙儿*——激起民愤，或者引起了小范围的轰动。例：听说张三占道盖房，院子里都炸了庙儿了。

3. *没言语*——没说话。

4. *发小儿*——邻里间从小一起长大的伙伴。

5. *街坊*——邻居。

6. *消停*——终于不再闹腾了。

7. *大概其*——差不多。

8. *露怯*——不懂装懂闹出了笑话。

9. *有眼力见儿*——形容某人会看火候，能够急他人之所急，尤其是指在上级或长辈面前的时候。

10. *见天儿*——表示一种持续的状态。例：您怎么见天儿来呀？

11. *轴*——形容某人的脑筋不灵活。

12. *撒丫子*——赶紧走了。

13.不开面儿——不给人留情面。

14.迸磁儿——闹别扭。

15.把得紧——控制得紧。例：谁的钱都把得紧。

16.不老少——表示多。例：还真不老少。

17.倍儿——特别、非常的意思。例：那楼倍儿高。

18.甭——不用。

19.棒棰——外行。

20.拔谱儿——挺胸，扬眉吐气的样子，也表示强硬蛮横的态度。

21.扳杠——固执己见，纠缠不清。

22.变着方儿——想尽各种办法。例：变着方儿给我找事。

23.不得劲儿——不是滋味。例：这些天老觉着不得劲儿。

24.掰——断交。例：那人是个二百五，我早就跟他掰了。

25.暴——过量。例：昨天有人请客，暴搓一顿。

26.不吝——不在乎。例：这人什么都不吝。

27.八竿子打不着——关系疏远。例：我跟他八竿子打不着。

28.白话——说话不着边际。例：没事尽瞎白话。

爨底下村—— 一把柴禾一家人

推荐星级：★★★

爨底下村，位于北京西郊斋堂镇，当地海拔650米，村域面积约5.3平方千米，属于国家A级风景区，被誉为"京西的布达拉宫"。

　　爨底下村，因为其在明代"爨里安口"（当地人称为爨头）的下方而得名。爨底下村的"爨"字，应该发cuàn的音，很多人可能对其很陌生，如果拆开来解释应该是："兴字头，林字腰、大字下面加火烧。"正是因为此字难写难认，因此爨底下村一度曾用谐音"川"字代替，但是仍然发"爨"的音。1995年，爨底下村发展旅游之后，原本的"爨"字又恢复使用，开始大放异彩。

　　爨底下村距今已有400多年的历史了，现在全村保存着院落74个，房屋689间，其中大部分都是清朝后期所建（还有少量建于中华民国时期）的四合院、三合院，是我国首次发现保留比较完整的山村古建筑群。爨底下村依山而建，

俯瞰爨底下村

村中街道

高低错落有致，以村后龙头为圆心、南北为轴线，呈扇形展于两侧；村上和村下两个部分被一条长200米、最高处20米的弧形大墙隔开，村前又被一条长170米的弓形墙围绕。从高处看，全村形不散而神更聚，就像一个巨大的元宝。村子里面的古建筑颇具特色，门楼等级十分严格，门墩雕刻非常精美，砖雕、影壁更是独具匠心，是京郊极为少有的古村落景观。爨底下村因仿古热而扬名四海，后来电影《投名状》在此地取景，更使这里成了京郊旅游一大热点。

只看爨底下村这个名字就知道这个村子的与众不同，再加上其400多年的悠久历史，想必这个古老的村落一定有自己深藏的故事。相传，在明代时期，山西洪洞县大槐树下大批移民来到京西，几百口人就在门头沟一带住了下来，慢慢地就形成了村落，并且取名"爨底下村"。村子的原址位于现在村子西北的老坟处，后来因为山洪暴发，将整个村庄全部摧毁，村中只剩下一对青年男女因为外出才幸免于难。为了延续整个家族的后代，二人就以推磨为媒成婚，并且在现址上建立村落。二人婚后生了三个孩子，分别取名韩福金、韩福银、韩福苍，三子又分三门，也就是东门、中门、西门。

在旧时，山路极其难走，因此西山之中非常安静，所以爨底下村建造房屋、道路、庙宇时从来没有外人打扰，非常独特。而且，也正是因为它与外面的世界隔绝了太长时间，所以成了一块"珍宝"。它的静谧与朴实非常独特，不与任何一座城市搭调，就这样形成了今天人们眼中的爨底下村，可谓是天意而为。

如果你是初次来到爨底下村，一定会感叹这里存在的一切，竟然能够在安静、朴实之中将人迷得那般陶醉。这里有不同于京城四合院的古老院落；有装饰华美、辟邪纳祥的雕花影壁；有富丽壮观的门楼；这里的街道和胡同多用青石、灰石、紫石板铺路，十分漂亮，雨过天晴之后，各色石板能够映射出少有的迷人之彩；有财神的化身关公庙，有盼子的娘娘庙，还有保佑太平的观音庙；这里有亲切可人的农家乐，还有京西传统教育基地和影视基地。

　　整个爨底下村，格局是旧的，房屋是旧的，装饰装扮也是旧的。明代的老村遗址，清代的壁画，20世纪五六十年代的标语，还有时不时出现在人们眼前的古碾、古磨、古井和古庙，这种浓郁的古朴气息，犹如陈酿老酒，香得惹人流泪，又不忍去触碰。如果可以，不妨到这里感悟一下逝去的历史，感悟一下曾经的沧桑！

"爨"

门票信息： 成人票35元，半价票18元。

开放时间： 全天。

交通导航： 1.前往爨底下村。每天上午7：30和下午12：40 从苹果园出发的929路支直接到达爨底下村。2.离开爨底下村。每天返回北京的最早班车为上午10：30左右发车，最晚一趟班车的发车时间大约为下午3：30。

第 4 章

帝都当有大气魄

故宫——有房九千九百九十九间半

故宫，旧时称为紫禁城，位于北京市的中心位置，总共占地70多万平方米，其中建筑面积高达15万平方米，是世界上现存最大、最完整的木质结构的古建筑群。

　　故宫旧称紫禁城，在明朝永乐四年（1406年）的时候开始建造，永乐十八年（1420年）建成。这里曾是明、清两个朝代的皇宫，在500多年的历史中曾经共有24位皇帝居住于此。尽管明清两个朝代对故宫进行过多次重修和扩建，但是它仍然保持了原有的格局。

　　按照中国古代的星象学说，"紫"乃紫微垣，位于天的中央最高处，被认为是玉皇大帝所居的宫殿，取天人对应之意，故宫方才得有此名。相传，玉皇

故宫盛景

大帝一共建有10 000个宫殿，所以到了明朝永乐初年，明成祖朱棣准备营造大北京城的时候，起初表态坚决，必须建造10 000间宫殿，才能彰显大明实力。但是某夜皇帝在噩梦中惊醒，梦中玉皇大帝勃然大怒，坚决反对他在人间建造10 000间宫殿，明成祖朱棣为了不超越神界，只得稍微地削减了工程，所以，故宫一共修建了9 999间半宫殿。不过根据后来实际考察统计，故宫共有殿宇8 707间。

要说故宫有多宏伟，绝非几句话能够描述清楚。故宫的四面环有高达10米的城墙，南北长约960米，东西宽约753米，面积竟达72万平方米，乃是世界之最；长为3千多米的城墙上开有4门，南有午门，北有神武门，东有东华门，西有西华门；城墙的四角还耸立着4座角楼，每座角楼都有3层屋檐、72个屋脊，乃是中国古建筑中的杰作；故宫之中的建筑分为"外朝"与"内廷"两大部分，"外朝"与"内廷"以乾清门为界，乾清门以南的部分为外朝，以北的部分为内廷，外朝和内廷的建筑风格迥然不同。

外朝以太和殿、中和殿、保和殿三大殿为中心，位于整座皇宫的中轴线上，是故宫之中最吸引人的建筑。其中，三大殿之中的"太和殿"俗称"金銮殿"，它的长宽之比恰为9：5，寓意为九五之尊。太和殿的面积是紫禁城各个殿宇之中最大的一座，而且规格最高，最为富丽堂皇，它是皇帝举行朝会和重大典礼的地方，因此也称"前朝"。此外，外朝两侧东有文华殿、文渊阁、上驷院、南三所等，西有武英殿、内务府等建筑。

内廷之中以乾清宫、交泰殿、坤宁宫为中心，乃是皇帝与后妃们居住、游玩的地方。其中，坤宁宫在"内廷"的最后面，这里曾是明朝皇后的寝宫，两头设有暖阁。到了清代雍正以后，西暖阁改为萨满的祭祀之地，东暖阁成为皇帝大婚的洞房。明清两代的正统、万历、康熙、同治、光绪五帝都是在此举行的婚礼。除此之外，内廷两侧还有养心殿、东六宫、西六宫、斋宫、毓庆宫等，后面还有御花园。那时，内廷东部建造的宁寿宫是当年乾隆皇帝退位之后为了养老而修建的。

角楼

太和殿

故宫雪景

　　故宫走过了几百年的历史，发生过数之不清的故事，包含了帝后活动、等级制度、权力斗争、宗教祭祀等。例如，明代正统皇帝复辟的夺门之变、嘉靖皇帝被宫女谋刺的壬寅宫变、清初诸王大臣为确立皇权的三官庙之争、清末慈禧太后谋取权力的辛酉政变等，都是在故宫中展开，最后也都在故宫中结束。

　　现在的故宫不仅是曾经的紫禁城皇宫，也是故宫博物院所在地，其中可以移动的文物藏品超过180万件，包括珍贵文物近170万件，涵盖了几乎整个中国古代文明的发展过程和几乎所有的文物门类，称得上是文物宝库。其中的钟表馆、珍宝馆等经常设立展馆，等着人们掸去历史的尘埃，翻阅曾经的文明与辉煌。

　　故宫是一处奇迹，不仅仅是因为它的宏大和壮阔，更是因为它所展现出来的艺术和风采。你看那黄琉璃的瓦顶，青白石的底座，再饰以金碧辉煌的彩画，无一不在诉说着皇家的威严与气派；你再看那深邃的庭院，迷人的御花

中国人文之旅 ● 北京

园，秀石迭砌的玲珑假山，好像旧时的嫔妃依旧住在那里。曾几何时，有过24位皇帝坐在这座宽阔的院落之中运筹着天下家国，如今紫禁城依旧，只是时光流转，少了那些人儿。

门票信息： 每年4月1日—10月31日为旺季，门票60元（不包括珍宝馆、钟表馆），每年11月1日至翌年3月31日为淡季，门票40元（不包括珍宝馆、钟表馆）。珍宝馆门票10元，钟表馆门票10元。

开放时间： 每周一的下午（法定节假日以及7月1日至8月31日期间除外）闭馆半天，开馆时间为8：30—12：00；每年4月1日至10月31日采用旺季开放时间，开馆时间为8：30—17：00；每年11月1日至翌年3月31日采用淡季开放时间，开馆时间为8：30—16：30。

交通导航： 乘坐公交车1路、2路、5路、8路、10路、20路、52路、120路、728路等在天安门西站或天安门东站下车，乘坐公交车9路、17路、22路、44路、48路、59路、66路、110路、126路、646路、692路、901路、特4路、特7路等在前门站下车，乘坐公交车101路、103路、109路等在故宫站下车；或乘坐地铁1号线在天安门东站或天安门西站下车。

天安门广场——丽日衬新景

天安门广场是北京城的心脏地带，占地面积44万平方米，东西宽500米，南北长880米，是世界上最大的城市中心广场。

    天安门广场北起天安门，南至正阳门，东自历史博物馆，西到人民大会堂，地面全部由浅色的花岗岩条石铺成。整个广场宏伟壮观，整齐对称，气势磅礴，浑然一体，将泱泱大国的气度展现得淋漓尽致。可以这么说，一代又一代的年轻人听过"我爱北京天安门"的歌曲，看过一张张以天安门城楼为背景的照片，能到天安门走一走似乎成了每个人的一种夙愿。这所有的一切都是因为，天安门早已成为中国的象征，成为国人心目中的神圣殿堂，成为永远不可磨灭的爱国关键词。

天安门远景

在无数人的相册之中都会找到这样一张照片，一个男孩或女孩略带拘谨地站在广场上，身后是飘扬的五星红旗，还有那座巍峨、庄严的天安门城楼。天安门城楼坐落在天安门广场的北端，说起它的历史，也是渊源流长。天安门始建于明朝永乐十五年（1417年），原本称为承天门，寓意"奉天承运，受命于天"之说；在清朝顺治八年（1651年），朝廷对其加以改建后称为天安门。它曾经是明清两个朝代整个皇城的正门。天安门高33.7米，在2 000余平方米雕刻精美的汉白玉须弥基座之上，建有高10余米的红白墩台，墩台之上是金碧辉煌的天安门城楼；城楼之上建有60根高耸的巨柱，并有金砖铺地；城楼之下是碧波粼粼的金水河，河上飞架7座雕琢精美的汉白玉金水桥，中间一座最为宽阔，称为"御路桥"，乃是专为皇帝而设。天安门曾是皇上颁诏的地方，或遇有新皇登基、大婚、祭天祭地等重大庆典活动以及皇上的父母进宫之时才会隆重启用。除此之外，皇上御驾亲征或大将出征，也要在天安门前祭路、祭旗，以求马到成功，凯旋归来。1949年10月1日，毛泽东主席在天安门城楼上宣告中华人民共和国成立，并且亲手升起第一面五星红旗。从那一刻起，天安门城楼成了新中国的神圣象征，它那庄严而又肃穆的形象是中国国徽的重要组成部分。从此，它深深地走进了人们的心中。

人民大会堂

华表

在宏伟壮观的天安门广场中央，**矗**立着人民英雄纪念碑。人民英雄纪念碑通高37.94米，比天安门城楼还要高出3.24米，是新中国诞生后在广场上修建的第一座建筑，也是中国历史上最大的纪念碑。人民英雄纪念碑使用17 000多块花岗岩和汉白玉砌成，由两层月台、两层须弥座、碑身以及碑顶组成。底层月台呈海棠型，二层月台为方形；月台上边的大须弥座束腰处四面镶嵌着整整10幅汉白玉浮雕，记录的是100多年来中国人民反对帝国主义和封建势力的革命斗争史，可歌可泣；上层的小须弥座四周镌刻着由牡丹、菊花、荷花、垂幔等组成的花环，表示对先烈的崇敬和怀念；高大的碑身共有32层，碑身的正面朝着天安门，碑石上写着"人民英雄永垂不朽"8个鎏金大字，乃是毛主席亲笔题写，背面是由毛主席撰文、周总理用楷书题写的114字鎏金碑文；纪念碑的碑顶是中国传统顶式建筑，四面成斜面，顶上成水平面，顶下有垂幔。一座人民英雄纪念碑浓缩了中国人民的奋斗抗争历史，巍然屹立在天安门广场上，犹如整个中华民族的坚强脊梁，撑起了国家的繁荣与发展。

站在天安门广场环顾四周，在广场的西侧，坐落着人民大会堂。人民大会堂高有46米，长达336米，宽有206米，建筑面积达到17万平方米。人民大会堂的正面有12根大理石门柱，每根都高达25米，站在浅灰色的大理石门柱之下，抬头仰望熠熠发光的国徽，令人心中肃然起敬，升起一种自豪感；走进人民大会堂，可见中央大厅是桃红色的大理石地面和汉白玉石柱，顶部还挂着水晶玻璃花灯；而中央大厅的后面，就是人民大会堂的主体——万人大礼堂，整个大礼堂的装饰十分典雅，令人神往；在人民大会堂里面的北部，则是一个可以容纳5 000个席位的宴会厅，它既保留了中国传统建筑的风格，又完美地汲取了外国的建筑精华，极有特色。

每天，天安门广场上都是游人如织，熙熙攘攘，热闹非凡。每年的九月下旬一直到十月中旬，天安门广场更是光彩照人。在那20多天里，广场已然就是花的海洋、人的海洋、欢乐的海洋、幸福的海洋，人们喜欢用欢声笑语寄予对祖国最真挚的祝福。天安门广场上每天清晨的升国旗和每天日落时分的降国旗更是庄严、动情的时刻。特别是清晨时分的升国旗仪式，可以毫不夸张地说，这是全世界最多人关注的升旗仪式。那个时刻，人们总是聚集到天安门广场上，翘首期盼黎明与国旗的到来。当五星红旗与朝阳一同冉冉升起的时候，看着在朝霞辉映中鲜艳的五星红旗，每个人心中都会油然地感到自豪与骄傲。这样的一个个动容瞬间，早已在人们心中凝固成了一种永恒。

1986年，天安门广场被评为"北京十六景"之一，景观名曰"天安丽日"。当漫步在天安门广场上，周围的宏伟布局、扑面而来的磅礴气势，都会让人们从心底不断地涌起激动之情，因为这里是整个中华民族的圣地，是我们伟大祖国的心脏。

门票信息: 免费。

开放时间: 全天。

交通导航: 乘坐公交车1路、4路、5路、8路、10路、20路、22路、37路、52路、728路等在天安门东站下车，乘坐公交车9路、17路、22路、44路、48路、59路、66路、67路、69路、71路、120路、673路、690路、692路、729路、808路、826路、901路、特2路、特4路等在前门站下车；或乘坐地铁1号线在天安门东站或天安门西站下车。

人民英雄纪念碑——3 000平方米上的历史

人民英雄纪念碑坐落在北京市天安门广场的中央，是为纪念中国近现代史上的人民英雄而建的一座纪念碑。

　　人民英雄纪念碑位于天安门广场中央，毛泽东纪念堂以北。人们来到天安门广场，必然都会瞻仰这座记载着深厚历史的纪念碑。

人民英雄纪念碑远望

纪念碑前的雕塑

　　人民英雄纪念碑和天安门城楼相互呼应，与天安门城楼相比，纪念碑并没有那么悠久的历史。1949年9月30日，中国人民政治协商会议第一届全体会议一致通过决议，为纪念在人民解放战争和人民革命、民族解放、民主运动中牺牲的人民英雄，在北京建立"为国牺牲的人民英雄纪念碑"。当天下午，在天安门广场上，毛泽东和全体政协代表，以及首都各界群众代表共3 000人在天安门广场的南端举行了人民英雄纪念碑的奠基典礼，然后从1952年8月1日起工程正式开工，时至1958年4月落成，同年5月1日举行了非常隆重的揭幕典礼。这座人民英雄纪念碑是中华人民共和国成立以后第一个由国家兴建的大型纪念碑，也是第一个大型的公共艺术项目。

　　整座纪念碑通高37.94米，占地约有3 100平方米。纪念碑的正面（即北面）碑心位置乃是一整块石材，镌刻着毛泽东亲笔题写的"人民英雄永垂不朽"8个鎏金大字；背面碑心处由7块石材构成，内容是由毛泽东起草、周恩来书写的碑文，其文如下："人民英雄纪念碑。三年以来，在人民解放战争和人民革命中牺牲的人民英雄们永垂不朽！三十年以来，在人民解放战争和人民革命中牺牲的人民英雄们永垂不朽！由此上溯到1840年，从那时起，为了反对内外敌人、争取民族独立和人民自由幸福，在历次斗争中牺牲的人民英雄们永垂不朽！"

走近人民英雄纪念碑细看，碑身由两层须弥座承托。在下层大须弥座的束腰部镶嵌着10幅巨大的汉白玉浮雕，其中的8幅作品清晰地反映了中国近现代史上的革命事件，按照东南—西北的顺序依次是"虎门销烟""金田起义""武昌起义""五四运动""五卅运动""南昌起义""抗日游击战"和"胜利渡长江·解放全中国"；除此之外，在碑身北面正中"胜利渡长江"的两侧还镶嵌着两幅装饰性的作品，分别是"支援前线"和"欢迎人民解放军"。这10座浮雕的高度都是2米，宽2米至6.4米，总长40.68米，总共雕刻了180个人物，每一个人物都栩栩如生、肃穆威严，再现了中华儿女的抗争与奋斗。

这座人民英雄纪念碑面对天安门，肃穆而又庄严，雄伟而又壮观，完美地融合了明清以来的汉民族建筑艺术与希腊罗马的建筑风格，而且与北京城的中轴线相互呼应，堪称完美的建筑。整座纪念碑，记述的是中华民族不屈不挠的斗争史，诉说的是中华儿女的爱国情。我们为之动情，为之流泪，或许当我们站在它的面前时，心中剩下的唯有敬仰与感动！

门票信息： 免费。

开放时间： 全天。

交通导航： 乘坐公交车1路、4路、5路、8路、10路、20路、22路、37路、52路、728路等在天安门东站下车，乘坐公交车9路、17路、22路、44路、48路、59路、66路、67路、69路、71路、120路、673路、690路、692路、729路、808路、826路、901路、特2路、特4路等在前门站下车；或乘坐地铁1号线在天安门东站或天安门西站下车。

钟楼与鼓楼——几度钟鼓伴晨昏

钟鼓楼坐落于北京城南北中轴线的北端，地理位置在北京东城区地安门外大街北端，是全国重点文物保护单位之一。

    钟鼓楼其实是钟楼与鼓楼的统称，两楼前后纵置，气势雄伟，巍峨壮观。在城市钟鼓楼的建制历史上，北京钟鼓楼的规模最大，形制最高，可以称之为古都北京城的标志性建筑之一，它们也是见证我国近百年历史的重要建筑之一。

钟楼远景

105

为何北京乃至很多城市都要建造钟鼓楼呢？虽然你不一定了解，但一定听过"晨钟暮鼓"之说吧。钟和鼓在很久之前原本只是两种乐器，后来当作报时之用，所以说，钟鼓楼在中国古代是用以司时的公共性楼阁建筑。在曾经的元、明、清三个朝代。钟鼓楼就是都城之中的报时中心。中国古代钟鼓楼的建造最初起源于汉代，元代时期，在大都城（即今北京城）宫城之北建造了钟楼和鼓楼。现在人们看到的北京钟鼓楼建于明代永乐十八年（1420年），由于它们具有类似城楼的建筑形式，飞檐翼角的独特形态，所以具有很高的艺术价值和审美情趣，从而成了非常著名的一处人文景观。

在繁华的南北向大街上屹立的钟鼓楼，可以算是北京城中轴线上最北端的精华所在了。曾经有位作家说道："鼓楼在前，红墙黄瓦。钟楼在后，灰墙绿瓦。"鼓楼是一座以砖木结构为主体的建筑，高达46.7米，三重檐，歇山顶。鼓楼分为两层，一层是无梁拱券式的砖石结构，南北两个方向各自开辟了3个券洞，东西方向各自开辟了一个券洞，还在东北角设置了登楼小券门和登楼的通道。经由陡直的楼梯走上鼓楼的二层，大厅中原本设有25面更鼓，其中包括1面大鼓（代表一年）和24面群鼓（代表二十四个节气）。不过时至今日，仅存一面残破的主鼓。它曾经是清朝末年使用的，鼓面上还有八国联军入侵北京城时用刺刀所划的划痕，似乎诉说着曾经的屈辱。现在的25面更鼓都是后来根据清朝嘉庆年间的更鼓尺寸所仿制的。有人会疑问，在过去究竟是如何计时的呢？在鼓楼的二层，整齐地陈列着古代计时器，包括碑漏和铜刻漏。其中，碑漏的内部设有12根铜管，最后一根铜管的下方放置铙片，然后在碑漏的上方设置一个投球孔，铜球通过所有铜管的时间恰好是24秒，然后就会击铙报时。两个铜球滚动的时间间隔是24秒，那么36个铜球总共用时14.4分，也就是古人常说的一刻钟。3 600个铜球滚动完毕，正好就是24小时。从中可以看出，古人拥有怎样的创造力和何等的聪明才智。

鼓楼之后的钟楼高达47.9米，它不同于鼓楼，是一座全砖石结构的大型单体古代建筑。在钟楼的东北角位置，设有一个很小的登楼券门，踩过75级台阶就能到达钟楼的二层。令人惊奇的是，钟楼的整个建筑结构都在强调共鸣、扩音和传声的完美功能，这种古老而巧妙的设计在我国钟鼓楼的建筑史上绝对是独一无二的。在钟楼的二层陈列着报时铜钟，铜钟悬挂在八角形的木框架上，通高7.02米，仅仅钟身就高5.5米，下口直径竟有3.4米，钟壁厚12厘米到24.5厘米，重达63吨，是目前我国现存铸造最早、重量最重的古钟，称得上是中国的"古钟之王"。古书记载，这口铜钟的钟体全部由响铜铸成，撞击的时候声音浑厚绵长，都城内外的十余里都能听到。相传，原来放在钟楼的铁钟声音不够洪亮，皇帝打算铸口新的铜钟，但是整整用了3年时间都没有结果，皇上大怒，下了最后命令，80天之内必须铸好新钟，否则就要杀光铸钟的工匠。当时，铸钟的工匠中有一位叫作华严的师傅，每天都在为了铸钟苦思冥想，嘴里一直念叨："什么原因铸不成钟呢？恐怕是缺少什么东西吧！"老师傅的女儿华仙看着父亲一天天憔悴下去，仔细算来，80天时间马上就要到了，她很想帮助父亲和工匠们免除罪责。铸钟的某一天，炉温还是升不上去，就在这时，一个红色身影轻盈落入炉内，原来是华仙姑娘。这次大钟终于铸成，这才免了铸钟工匠们的杀身之罪。传说，在华仙跳炉时，父亲华严没有能够抓住她，当时只抓住了她的一只绣花鞋，所以每当夜深人静钟声响起的时候，浑厚的钟声中总是泛着"鞋"的颤音。

看到"晨钟暮鼓"一词，很多人可能会理解为清晨撞钟，傍晚击鼓。其实不然，钟鼓声总是相伴相随的，只不过白天是先钟后鼓，到了夜晚则是先鼓后钟。清代原本规定钟楼昼夜报时，后来乾隆将其改为只报夜里的两个更时，而且是由两个更夫分别登上钟楼和鼓楼，击鼓敲钟。当时的计时方式按照古人将一个夜晚分为五更来计算，每更是一个时辰，也就是现在的两小时，19点为定更，21点为二更，23点为三更，1点为四更，3点为五更，5点为亮更。钟鼓楼的报时每到定更的时候先击鼓后敲钟，这是提醒老百姓们要进入睡眠了，到了亮更则先敲钟后击鼓，唤醒人们应该起床了。那时人们曾经形象地总结那种钟鼓声声的节奏感："紧十八、慢十八、不紧不慢又十八。"说的就是敲钟和击鼓的方法，都是先快击18响，然后再慢击18响，共击6次，总计108响，声声响彻北京城的各个角落。

鼓楼近景

　　如今，北京城的钟鼓楼已然失去了司时的作用，但是无论光景如何变幻，期间历经了几度沧桑，在古都北京城的华章之上，钟楼与鼓楼依旧岿然屹立。在2001年的时候，鼓楼击鼓仪式重新开启，至今已经作为每日的例行表演，供过往的游人回味历史，感受年华。而且每到年节的时候，也都能够听到那种浑厚有力的钟鼓声，空旷而又震撼，实乃京城之中的著名一景。

门票信息： 鼓楼全价20元，半价10元；钟楼全价15元，半价7元；通票30元，半价15元。

开放时间： 旺季（每年4月16日—11月15日）9：00—17：30，淡季（11月16日—次年4月15日）10：00—17：00。

交通导航： 乘坐公交车5路、60路、82路、107路、124路、635路等在鼓楼站下车；或乘坐地铁2号线在鼓楼大街站下车。

国子监——首屈一指"皇教授"

北京国子监位于东城区安定门内的国子监街（原名成贤街）15号，
与孔庙、雍和宫毗邻，是我国现存唯一一所古代中央公办大学建
筑。

推荐星级：★★★★

　　中国隋朝以后，朝廷开始创办中央官学——国子监。它是中国古代教育
体系之中的最高学府，当时又称为国子学或国子寺。在明朝时期因为实行双京
制度，所以在南京和北京分别都设有国子监。当时设在南京的国子监称为"南
监"或"南雍"，而设在北京的国子监则称为"北监"或"北雍"。

　　国子监可以说是我国元、明、清三代国家管理教育的最高行政机关和国家
官办的最高学府。北京城的国子监始建于元朝大德十年（1306年），坐落在
国子监街，整体建筑坐北朝南，在其中轴线上分布着集贤门（大门）、太学门
（二门）、琉璃牌坊、辟雍、彝伦堂、敬一亭，东西两侧还有四厅六堂，构成
了极为传统的对称格局。

辟雍

太学门

琉璃牌坊

大成礼乐

　　走过国子监的太学门，就是国子监二门内的大型琉璃牌坊。它是北京城中唯一一座专门为教育而设立的牌坊，正反两面的横额都是皇帝御题，成为中国古代崇文重教的一个象征；同时，它也是北京城中唯一一座不属于寺院的琉璃牌坊。

　　在国子监中，最为华丽的大殿建筑名为辟雍。辟雍建于清朝乾隆年间，它是国子监的中心建筑。清代乾隆皇帝之后，每当新帝即位之时，都要来到此地讲学一次，借此表示当时中央政府对高等教育的无比重视。

　　在国子监中，建有非常有名的十三经刻石碑。十三经刻石碑共有190座，原来建在东西六堂，现在位于国子监与孔庙的夹道之中。石碑上所刻的十三经主要有：《周易》《尚书》《诗经》《周礼》《仪礼》《礼记》《春秋左传》《春秋公羊传》《春秋谷梁传》《论语》《孝经》《孟子》《尔雅》，总计63万余字，是我国仅存的一部最完整的十三经刻石。这部十三经刻石是在乾隆年间完成的，因此又被称作"乾隆石经"。

　　在整条国子监街上，几百年来一直都以槐树作为行道树，其实这里面有着很深的文化内涵。一棵棵高大的槐树将古老、安静的国子监街装扮得古韵十足，成了京城一道亮丽的风景线，同时更增添了国子监和孔庙的文化色彩。在国子监"辟雍"西侧的圆水池旁边，高矗着一棵古槐，古槐的主干呈罗锅状，其上部明显向南倾斜，而且在主干北侧的罗锅部位还有像是被利器砍过的一道痕迹，人们都叫此古槐为"罗锅槐"。这里面还有一个典故。"辟雍"大殿是在清乾隆年间修建的，专门用于皇帝讲学，由大学士兼管国子监事务的刘墉主持修建。辟雍大殿的"辟雍泮水"乃是我国古代建筑的精华所在。刘墉陪同乾隆以及众位官员游历视察，一行人来到辟雍西侧，立刻就看到了这棵非常明显的罗锅形状古槐。因为相传平时刘墉经常给乾隆皇帝出难题，而且相传刘墉又是个罗锅，乾隆皇帝灵机一动，问道："众位爱卿，你们看此古槐像谁？"众位官员心中明白，但是不好直白回答。接着乾隆又说了一句"此槐罗锅，有失大雅"，于是下旨砍掉罗锅槐，这句话寓意杀掉刘墉。大臣刘墉十分爱惜这棵古

十三经刻石碑

槐，说道："万岁，使不得，此老槐虽然相貌丑陋，却是年代久远的古槐，在国子监里，终日听得圣人经典，饱含国学文墨之气，表陋而内秀。现在辟雍得以落成，以后将经常聆听圣上教诲，乃是大大的忠臣也。"乾隆听后只好说"罗锅失雅，砍去修直"，这才有了这棵有名的"罗锅槐"。

　　昔日的国子监中，深藏着无数人的仕宦梦想，如今的国子监沉静依旧，只是不见了那些饱读四书五经的贫寒书生。今天面对这里的一切，用手抚摸十三经刻石碑，不知道能否忆起点什么？

门票信息： 成人票30元（与孔庙一起出售）。

开放时间： 周一闭馆，平时13：00—18：00，节假日9：30—18：00。

交通导航： 乘坐公交车13路、116路、684路、807路等在国子监站下车；或乘坐地铁5号线在雍和宫站下车。

社稷坛——中华有土为五色

社稷坛建于明朝永乐十九年（1421年），在历史上一直是明清两代皇帝祭祀土地神、五谷神的场所。

在天安门城楼的西侧，现在的中山公园，其原名称为社稷坛，曾是明清两代皇帝祭祀社（土地神）、稷（五谷神）之处。1914年10月10日，社稷坛开始对外开放，改称中央公园，它是北京城中最早成为公园的皇家园林之一。后来

中山公园一角

为了纪念孙中山先生，在1928年的时候改名为中山公园。明清时期的社稷坛在改为中央公园之后，除了保留社稷坛之外，还先后营建了松柏交翠亭、蕙芳园等多处景观，又把习礼亭、兰亭八柱亭、保卫和平坊以及河北大名古刹的宋代石狮等移入园中，同时，公园里面还安放了多块清代宫苑中的名石。

明清时期的社稷坛之所以建在了这个位置，是按照中国古代典籍中关于国都布局"左祖右社"的规矩来安排的。其中的"左祖"，就是紫禁城左前方安排皇家祭祖的地方，也就是太庙，现在改为劳动人民文化宫；而"右社"，就是紫禁城右前方安排皇家祭神的场所，这就是曾经的社稷坛。社稷坛位于中山公园的中央位置，其主体建筑主要包括社稷坛、拜殿，以及附属的戟门、神库、神厨、宰牲亭等，大多数是在永乐年间修建的。社稷坛的正门位于东侧方向，而南、西、北三个方向都不设门。

社稷坛是一座三层方坛，全部使用汉白玉砌成，总高1米，由下向上逐层收缩。坛面上铺有五色土。根据古代天干地支和五行的学说，金、木、水、火、土是日常生活中最基本的五种物质，它们分别代表五方五色，为东为青色，南为红色，西为白色，北为黑色，中间为黄色。社稷坛中的五色土象征着金、木、水、火、土五行，其中寓意了全国疆土，也就是我们经常听说的"普天之下，莫非王土"。坛的中央设有一个土龛，在明清时期立有代表社神的石柱和代表稷神的木柱各一根，后来二者合为一根石柱，名为"社主石"或"江山石"，蕴意"江山永固，社稷长存"。在辛亥革命之后，社主石被丢弃，仅仅保留了五色土。

在社稷坛的南门处，有一对浑朴威猛的石狮傲然雄踞，使用木棍敲打它们，就能听到一个石狮发出铁音，而另一个石狮发出的声音却是铜音，甚是奇妙怪异。

今日的社稷坛已然往昔不再，人们都会唤其为中山公园。园中花香四溢，伴着那些古树奇石、水榭长廊，俨然一片人间天堂。去来今雨轩品上一壶好茶，是不是能让你思绪出神，忆起当年皇帝祭祀社稷、为民祈福的威严景象。

孙中山先生雕塑

园中古树

门票信息: 3元。

开放时间: 6:00—21:00。

交通导航: 乘坐公交车1路、4路、5路、8路、10路、20路、22路、37路、52路、728路等在天安门西站下车,乘坐公交车9路、17路、22路、44路、48路、59路、66路、67路、69路、71路、120路、673路、690路、692路、729路、808路、826路、901路、特2路、特4路等在前门站下车;或乘坐地铁1号线在天安门西站下车。

先农坛——曾经肥沃的田

先农坛，位于北京城的宣武区，建于正阳门的西南位置，与其东面的天坛建筑群相互对应，是明清两代皇家祭祀先农诸神的地方。

　　尽管与天坛只有一街之隔，但是却很少有人知晓先农坛这个地方。先农坛，旧时称为山川坛，建于明朝永乐四年至十八年（1406年至1420年），乃是皇家祭祀先农诸神的场所。每年的开春时节，皇帝都会亲领文武百官到先农坛行藉田礼。

　　要问先农坛的"先农"一词从何而来，其实一说都会明白。中华儿女又称为炎黄子孙，炎黄自然指的就是炎帝和黄帝，他们被公认为是中华民族的祖先。而炎帝神农氏，又称为先农，他曾经尝遍百草，亲事躬耕，于是明朝建成北京城的时候，就修建了这座祭奠炎帝神农氏的坛庙——先农坛。

　　其实，封建皇帝祭祀先农和亲耕的这个传统，一直可以追溯到久远的周朝时期，但是那时并非每年都要举行，后来发展到了明清两代，才逐渐成为国家

先农坛

一亩三分地

一项重要的祭祀典礼。明清两代的任何一位皇帝都不敢轻视对于先农坛的祭祀大典，因此，先农坛的建造称得上是宏伟壮观、气韵威严。先农坛占地面积约有1.33平方千米，外坛的南北方向长度约为1 424米，东西方向的宽度约为700米；内坛的南北长度约为446米，东西宽度306米左右。在整个先农坛之中，共有五组建筑群，分别是庆成宫、太岁殿、神厨、神仓以及俱服殿；另外，还有观耕台、先农坛、天神坛、地祇坛四座坛台。其中，观耕台的前面有一亩三分的耕地，曾是旧时皇帝行藉田礼时的亲耕之地，现在人们平常所说的"一亩三分地"正是由此而来。

在整个先农坛之中，最为宏伟、肃穆的建筑当属太岁殿建筑群。它的位置基本处于先农坛内坛所有建筑的中心地带，东邻神仓，西近神厨，南为俱服殿，建筑体量为先农坛之最。太岁殿建筑群是专门为了祭祀太岁以及春夏秋冬等自然神灵而建的。面向它而站，只见它歇山顶、黑色琉璃筒瓦绿色剪边、和玺彩画，再加上汉白玉三出台阶，俨然一幅尊贵皇家的非凡气度；殿宇的前檐七间各自开设四扇格扇门，其余的三面全部砌墙；殿内明间的北部设有神龛，两侧东西配殿建筑面积各有755.3平方米；太岁殿的院外东南侧建有砖仿木结构的无梁建筑焚帛炉一座，专门用于焚烧纸帛祭文。如今，太岁殿已经开辟为北京古代建筑博物馆，殿内陈列着中国古代建筑展品，吸引着人们的脚步和目光。

曾经，在这座先农坛中，不知道有过几位皇帝在此亲身躬耕，体验那"三推三返"的农趣。如今或许还能找回那一亩三分地儿，但是种种过去的事和悠悠历史早就已经被淹埋在了滚滚红尘之中。

展馆内景

门票信息： 先农坛免费。北京古代建筑博物馆门票15元。

开放时间： 6：30—20：00。

交通导航： 乘坐公交车17路、20路、36路、54路等在先农坛站下车。

轩辕台——渔子山上有大冢

轩辕台，位于平谷城东北方向7.5千米的渔子山上，北依群峰，南对盘岳，西邻西汉平谷故城，东望金海湖，地理位置甚是优越。

"渔子山上有大冢"，就是世人所传的轩辕黄帝陵，俗称"轩辕台"，具体位置处在平谷城的东北方向7.5千米处。古书记载，"黄帝者，少典之子，姓公孙，名轩辕"。根据历史文献记载，轩辕台建于战国至西汉年间，尽管几经沧桑巨变，仍旧尚存。

整座渔子山呈现东西走向，犹如一条巨龙横卧于世间，并有九条沟渠自北而下，在这里形成了有名的"九水归一"景象，因此素有"九龙口"之称。轩

轩辕庙

辕台就坐落在山水环绕的大冈之中，处于渔子山的中心位置。轩辕台的正殿乃是轩辕、伏羲、神农三位皇帝之位，古碑之上携刻着初唐诗人陈子昂的《轩辕台》诗句。每年的正月十五都举办隆重的轩辕庙会，到那一天的时候，四方的老百姓都会云集于此，纷纷进香祭奠。

不过，历经了千百年的沧桑变迁，古老的轩辕台受损严重，如今人们能够看到的轩辕台，乃是后来仿照汉朝风格重修过的。来到轩辕台，顺着花岗岩的石阶拾级而上，最先映入眼帘的便是高大的阙门，在阙门的两侧，朱雀展翅，雄狮昂首；徒步进入阙门，就能看到陈子昂所作《轩辕台》诗的石碑遗迹以及《重修轩辕庙记》的汉白玉石碑；轩辕台的正殿乃是汉代重修的檐庑殿式建筑；殿内的正中位置是彩塑的黄帝坐像，两侧分别是伏羲与神农的塑像，人们每年都会虔诚祭奠他们，祈求平安。

到了轩辕台，可以登上九龙山感悟豪迈，可以游览九龙湖徜徉清爽。只有在这里，方才能够最近距离地感受那股浓浓的炎黄气息。

门票信息：5元。

开放时间：8：00—18：00。

交通导航：可以在平谷区内乘坐直达轩辕台的公交车。

南新仓——再也不见皇家粮

南新仓，位于北京城东四十条22号，曾经是明清两个朝代京都之中储藏皇粮、俸米的皇家官仓之一。

　　明朝永乐年间，朝廷大举迁都北京以后，带动了京城的迅速发展。人口剧增导致粮食需求日益增长，但是那个时候北方的粮食产量明显不足，所以只能

南新仓内景

把江南的粮食北运。江南的粮食运抵京城之后还要妥善储存，为此，朝廷下令在北京城中修建了包括南新仓在内的许多粮仓。这个著名的南新仓，俗称东门仓，是在明朝永乐七年（1409年）的时候，在元朝北太仓的旧址之上所建成的，至今已经存在了600余年。如今的南新仓总共保留了古仓廒9座，乃是北京现存规模最大、现状保存最为完好的皇家仓廒，同时也可以将它看作是京都史、漕运史、仓储史的经典历史见证。

在过去的时候，仓其实是个总称，廒才是贮粮的库房。明朝南新仓的仓廒在构造上，就是以廒为贮藏单位，每3间为一廒，后来又改为每5间为一廒，廒门上挂匾额，用以标明某仓某廒。时至清朝，依旧实行南粮北运政策，所以官家仓廒仍然非常盛行。根据当时的古书记载，南新仓在清朝初期的时候有廒46座，康熙三十三年（1694年）增建5座，五十五年（1716年）再次添建5座，雍正元年（1723年）增建9座，到了乾隆元年（1736年）又增建1座，所以等到乾隆年间的时候，南新仓已经设有66座廒，规模之大乃是当时京城之最。后来到了宣统年间，南新仓的廒又增建到了70座。

与明朝时期相比较，清朝南新仓的廒房，既沿袭了明朝建制，设有一座一廒者或一座两廒联排者，而且都是以每5间为一廒，每个廒的面阔约有24米，进深约有17米，高约7米。同时，清朝时期仓廒的建筑又很讲究，它的建造技术较之元、明时期有了很大改进。为了防止粮食被水淹湿，每座仓廒的建筑选址都比较高，而且在仓廒四周修有高大的围墙，还在地下修有排水管道；为了防止粮食受潮，在建造每座仓廒的时候，地基都采用三合土夯筑成，还要铺洒白灰，再用砖铺地面，上加楞木，铺满松板；而且还改进了仓廒的通风能力，加强了防鸟措施，增厚了仓廒的墙体。清朝改进、创建的这些方法，使得整个仓廒既能防潮又能保证通风，保证仓粮久贮不坏。

在过去的南新仓之中，每院仓房都有廒座、龙门、官厅、监督值班所、官役值班所、大堂、更房、警钟楼、激桶库、太仓殿、水井、仓神庙和土地祠等主要建筑。除了廒座主要用以储藏粮食以外，其他各个建筑都有各自的用途，

南新仓全貌

分工十分明确，这也反映了明清时期对于官仓管理上的重视程度。在整个清朝时期，南新仓的仓廒都是以单字命名的，部分使用干支命名，例如"甲、乙、丙、丁……""子、丑、寅、卯……"；部分采用千字文命名，如"天、地、元、黄……""宇、宙、洪、荒……"等。南新仓之所以能够在众多官仓中脱颖而出，主要原因是其构造上的最大特点——仓廒的空间容量极为可观。如果按照仓廒最少储粮715吨的储量计算，整个南新仓可以储存将近5万吨的粮食。如果将其折成现在基本储量10吨的集装箱，那么，旧时南新仓的总储藏量就相当于今天5 000个左右的集装箱，实乃惊人。

粮食多了，自然就会招来"老鼠"，所以在明清时期，关于南新仓的故事比比皆是。话说清朝在康熙皇帝的统治下逐渐走向富强，同时也滋生了很多"硕鼠"，但是康熙皇帝顾及旧情，心慈手软的他一直无法根治这个问题，后来的雍正皇帝也没能解决这个毛病。等到年纪轻轻、血气方刚的乾隆皇帝即位之后，他痛下决心要治理此事。真是不查则已，一查惊人，乾隆发现所有的官仓都存在令人震惊的贪污行为，甚至有些粮仓的"满满"粮食竟然只是在顶端架棚后撒上一层粮谷空壳。乾隆皇帝哪能忍受这些，当即严惩了所有贪官，并且借此彻底整顿了政府的腐败行为。

今天，南新仓中的其他建筑已然不见，仅剩9座仓廒位居原地，等待着人们前去回味。借着古韵绕梁之香，南新仓正在逐渐形成北京创意文化产业的前沿阵地。南新仓文化休闲街形成了自己独有的"新的在旧的中，时尚在历史中"特色，你在闲暇时间可以来到这里听听昆曲，品品香茶！

门票信息： 免费。

开放时间： 全天。

交通导航： 乘坐公交车42路、113路、115路、118路、701路、708路、823路、851路等在东四十条站下车；或乘坐地铁2号线、5号线在东四十条站下车。

恭王府——"万福"不向外人田

推荐星级：★★★★

恭王府位于北京城前海西街，占地总面积有6万余平方米，它是目前保存最为完好，而且唯一面向公众全面开放的一处清代王府。

　　位于前海西街的恭王府，是清朝恭亲王奕䜣的住宅。或许这样解释不够响亮，其实，恭王府的前身原本是清代乾隆时期权臣和珅的宅第，以及嘉庆皇帝的弟弟永璘的府邸。恭王府是在1776—1785年间由当时的文华殿大学士和珅建造的，主要分为府邸和花园两个部分。这座京城之中最美、最华丽的私人住宅闻名于世，相传，清代名著《红楼梦》中的大观园就是以这座如梦如烟的恭王府为背景而设计的。除此之外，恭王府也被称为是全北京城中最大的一座四合院。

恭王府正门

西洋门建筑

清代王府文化展

　　那么，和珅大人的私人住宅怎么会变成恭王府呢？这其中的历史颇为曲折，正所谓"月牙河绕宅如龙蟠，西山远望如虎踞"。早在乾隆四十一年（1776年）的时候，大学士和珅深得皇帝宠爱，他选中了这块京城绝佳的位置，开始扩建自己的豪华宅邸，到了乾隆五十三年（1788年）的时候，和珅宅邸基本建成。可是和珅没住多久，到了嘉庆皇帝继位，太上皇乾隆去世之后的第三天和珅马上获罪。嘉庆皇帝罗列出了和珅二十大罪，抄家籍产，然后，嘉庆皇帝将和珅宅邸赐予其弟（乾隆第十七子）庆郡王永璘，此时府邸就已不再姓和，改为了庆王府。等到咸丰元年（1850年）的时候，咸丰皇帝又将庆王府赐给了六弟恭亲王奕䜣。在咸丰二年四月二十二日，恭亲王奕䜣正式迁居此府，方才始称恭王府。真不知如果和珅地下有知，将会做何感想。

　　现在人们所能看到的恭王府，是在权臣和珅宅邸的基础之上改建而成的。当年嘉庆皇帝定罪和珅的二十大罪状中就涉及一条关于内檐装修的"潜侈逾制"问题，"查得和珅房屋竟有楠木厅堂，其多宝格及隔断门窗均仿照宁寿宫制度"。由此可见，当年和珅宅邸的华美与气派，其规格之高，甚至可以与皇帝的宫殿建筑相媲美，真是应了京城那句"东富西贵"之说。恭王府在西城之中绝对出类拔萃，首屈一指。

　　这座曾是贵人私有住宅的恭王府，现在已是我国保存最为完整的王府建筑群。整个恭王府分为府邸和花园两个部分，府邸在前，花园在后。恭王府南北方向长约330米，东西方向宽180余米，总共占地面积约61120平方米，其中府邸占地 32260平方米，花园占地28860平方米。府内各式建筑群落竟有30多处，其中西洋门、御书"福"字碑、室内大戏楼并称为王府"三绝"。府邸之中的建筑分为东、中、西三路，每路由南向北方向都是按照严格的中轴线，然后贯穿多进四合院落组成。后面的花园名为"朗润园"或"萃锦园"，一般俗称恭王府花园。花园与府邸相互呼应，也是分为东、中、西三路建筑。整座恭王府的设计和建筑富丽堂皇，斋室、轩院在曲折中变幻，在变幻中延伸，风景更是幽深秀丽，实乃如梦如烟，置身其中难免令人如仙似醉。

　　人们总是喜欢称其"万福"恭王府，其实缘由甚是奇怪，"福"乃"蝠"也。如果你来到了恭王府，可以试着数数，能否找齐9 999只蝙蝠，如果距离"万福"只差"一福"，那么本是紫禁城中的那块福字碑恰好能够补齐。这座恭王府之中，藏着的秘密数不胜数，真可谓是"一座恭王府，道不尽的半部清朝史"。

门票信息： 成人票40元，半价票20元。

开放时间： 旺季（3月16日至11月15日）7：30—16：30，淡季（11月16日至次年3月15日）8：00—16：00。

交通导航： 乘坐公交车3路、13路、42路、107路、111路、118路、810路、850路等在北海北门站下车。

睿亲王府——寂静山门为"普度"

北京城的睿亲王府共有两处，一处位于东华门大街迤南普渡寺一带，另一处位于现在的外交部街

在北京城中，共有两处睿亲王府，一处在东华门大街迤南普渡寺一带，那里曾经是睿亲王进驻北京以后的住所；另外一处睿亲王府在今天的外交部街，那里则是乾隆年间恢复睿亲王世爵之后建造的新府。

无论哪处睿亲王府，都离不开睿亲王这个爵位称号。说起睿亲王，可谓担得"声名显赫"四字。清王朝的第一位睿亲王，也就是清朝初年的摄政王多尔衮，他是清太祖努尔哈赤的第十四子，也就是清太宗皇太极的弟弟。曾经，多尔衮率兵征战蒙古、追伐朝鲜、攻打明朝、亲灭李自成、诛杀张献忠，金戈

睿亲王府大门

普渡寺遗址

铁马之中战功卓著。在清太宗崇德元年(1636年)的时候，多尔衮被晋封为睿亲王，成为清初开国八大铁帽子王之一。等到清室进驻北京城以后，堂堂睿亲王自然要为自己选一个好家。后来他看中了占地10 000平方米的南宫，那里曾是明朝时期的皇城东苑，是当年太子居住的地方。多尔衮利用这处南宫旧址，将自己的摄政王府建造得宏伟、壮丽，局部建筑的豪华程度甚至超过了当时的皇宫。这座睿亲王府的地基高出地面几丈有余，而且殿宇建筑十分宏伟，四周使用36根檐柱围绕，甚是华美。当年，在多尔衮掌权期间，这处摄政王府前面每日都是车水马龙，大小官员来往其中，这里实际上已经成为全国的政治中心。正是因为多尔衮手中的权势过重，这才引起皇帝和部分大臣的担忧，在顺治八年(1651年)的时候，多尔衮去世并被夺去爵位，那座曾经喧嚣、华丽的睿亲王府也就被废除了，慢慢地淡出了人们的视野。

到了乾隆年间的时候，多尔衮终于恢复名号。乾隆皇帝将多尔衮五世孙淳颖恢复爵位睿亲王，位于石大人胡同（现今外交部街）的淳颖宅邸贝勒府则被封为睿亲王新府。这座睿亲王新府建筑规模非常宏大，曾经建有房屋500多间，尤以中路建筑最为壮观，简直就是缩小的紫禁城三大殿。新睿亲王府建有东西翼楼、银安殿、二道门、神库、安福堂等殿堂，王府西路乃是王府花园，东路则为宗祠、大厨房、磁器库、灯笼库和戏台等，王府门外还建有马圈以及车房等。在整个清朝时期，睿亲王的爵位总共传了12世，等到大清王朝即将灭亡的时候，这座睿亲王新府已然渐渐败落，到了末代睿亲王中铨时期，已经时值中华民国年间，王爷爵位已是形同虚设。

尽管乾隆皇帝恢复了睿亲王爵位，但睿亲王爵位也只传了12世，那座属于多尔衮自己的睿亲王府早已跟随主人逝去。在乾隆四十三年(1778年)恢复睿亲王爵位之后，朝廷将久已废弃的多尔衮王府改建成了玛哈噶喇庙，隶属于管理民族事务的理藩院。再之后，乾隆皇帝又下令将这座玛哈噶喇庙翻修扩建，正式改名称为"普渡寺"，曾经的摄政王府大殿被改建成了"慈济殿"，而且乾隆皇帝还为大殿题额"觉海慈航"。在"文革"时期，普渡寺连年遭到破坏，其中文物大量丢失，各种建筑也都被毁，原来的大殿甚至被改作了仓库。之后普渡寺更是年复一年、日复一日地遭到严重破坏。曾经的睿亲王府，曾经的普渡寺，在饱经数百年沧桑巨变之后，淹没在了历史的红尘之中。如今的普渡寺，仅仅存留下了曾经改建成为粮店的一座山门和改建成为教室的大殿。

而那座原本有房500余间的睿亲王新府，也经受不住历史风沙的磨洗，如今只留下了瓦顶院墙一段，旧日王府门前的那对石狮也已经埋入了地下，不再守候。现在这里是北京市第二十四中学，哪里还能寻得清代王府的旧时容貌。

王爷已逝，王府不再，如今，我们应该忆人，还是忆史？

门票信息：免费。

开放时间：全天。

交通导航：乘坐公交车24路、674路在外交部街站下车，乘坐公交车2路、82路等在东华门站下车，乘坐公交车106路电车、108路电车、110路、111路电车、116路、204路、614路、684路、685路等在米市大街站下车。

乐善园——"水路空军"大汇总

乐善园，乃是清朝时期的京郊御园之一，其现在的地址大概位于北京动物园一带。

　　在北京城中，占地面积多达0.9平方千米的"乐善园"，可以说是历史悠久。那里曾经是清朝康熙年间康亲王的私人宅第，也是清朝乾隆时期的皇家行宫。如今，这座乐善园成了全国最大的城市动物园，园中珍禽猛兽种类繁多，总数量常年保持在5 000头以上，称得上是真正的自然世界。

　　偶尔说起北京有个"乐善园"，很多人可能都会觉得纳闷、疑问，即使是久居京城的老北京人，或许也都已经逐渐忘记了。但是若提起北京动物园，还有动物园里的那座超大海洋馆，可能全国人民都知道。其实，今天的动物园就是旧时的乐善园。

　　追溯乐善园的历史，那里曾是清朝康熙时期的康亲王宅邸。忆往昔，时值盛世，而且康亲王又是清朝建有殊功的勋贵，想必他的宅邸规模一定十分可

乐善园正门

畅观楼

乐善园现状

观、建筑必定相当华美，但是此园到了乾隆初年的时候，就已日渐荒败，不过值得庆幸的是，它的基础尚在。

乐善园地邻长河，长河水系与昆明湖紧紧相接，所以这里在过去是龙舸必经之地。等到乾隆皇帝继位，其母孝圣皇太后长期居住在畅春园，乾隆是个孝子，经常前往畅春园向母后问安，因此经常在长河之上往返舟行。为了能在长河往返舟行的途中有一处小憩的场所，在乾隆十二年（1747年）的时候，朝廷下令重修已经荒废的乐善园，如此一来，乐善园迎来了再度的辉煌时光，成为皇家行宫。乐善园行宫建成之后，乾隆皇帝曾经多次入园，可见他对其非常重视。

由此可见，这座乐善园的历史渊源之久。当年，这座园子的东半部分称为乐善园，西半部分称为可园。到了大清末年的时候，两园合并，改名称为"万牲园"，里面开始饲养狮子、老虎和大象等，这就已经形成了动物园的雏形。那时，慈禧老佛爷还经常来此欣赏别样景致。

如今，北京动物园是全国最大的城市动物园，偶有闲暇时间，游逛一次北京动物园，在这里，可以看看总是爱出洋相的猴子，也可以看看不太聪明的狗熊……如果足够细心，就可以看出北京动物园的非凡之处。动物园大门的主体呈灰色，设计三个拱券，貌似一座西洋楼，具有很美的异域特色。你再仔细一些，还能发现大门东侧的角落里隐藏着一块方形石碑，高一米左右，上书"乐善园"字样。

曾经的皇家行宫已然成了今日的欢乐家园，让人不得不去感慨世事的变迁。风和日丽的时候，偶尔来这里游逛，你或许还能觅得一丝皇家气息和贵族风范。

门票信息： 旺季（10月1日至11月14日）15元，淡季（11月15日至次年3月14日）10元。

开放时间： 旺季7：30—18：00，淡季7：30—17：00。

交通导航： 乘坐公交车7路、15路、19路、27路、65路、332路、334路、347路、360路、360路快、362路、534路、87路、632路、563路、685路、697路、808路、814路、特4路、特5路、运通104路、105路、106路、205路等在动物园站下车，乘坐公交车16路、26路、438路、651路等在北方交大站下车，乘坐公交车电车102路、103路、105路、107路、111路等在动物园站下车；或乘坐地铁4号线在北京动物园站下车。

八达岭长城——不到长城非好汉

八达岭长城，位于今天北京市延庆县军都山关沟古道北口，是中国古代伟大的防御工程万里长城的重要组成部分。

推荐星级：★★★★★

　　"不到长城非好汉"，这句话不知道被多少人所熟知，不知道影响了多少人。儿时稚嫩的梦想，长大后心中的憧憬，很多时候，我们都喜欢以登上万里长城为自豪和骄傲。

　　在万里长城中，最具代表性的段落当属八达岭长城，史称天下九塞之一。它是万里长城的精华所在，在明代长城之中，独具代表性和象征意义，而且还是明代长城的一个隘口；同时，八达岭长城也是明代长城中面向游人开放最早的一处地段。毫不夸张地说，八达岭长城闻名中外，美誉全球。以八达岭长城为主体的八达岭景区以其宏伟的景观、完善的设施和深厚博大的文化历史内涵著称于世。这里每天都会迎来五湖四海的朋友，留给人们深刻难忘的印象和无穷无尽的回味。

　　或许世人皆知八达岭长城的雄伟壮观，但是很多人并不知道它的前世和来历。如今闻名中外的八达岭长城，在秦皇汉武时期其实并不存在，而是建于明代弘治十八年（1505年），嘉靖、万历年间都曾进行修葺，整体八达岭长城的修建持续了80余年之久。修建完成之后，关城设置东西两座石门，东门额题"居庸外镇"，是在嘉靖十八年（1539年）篆刻；西门额题"北门锁钥"，刻于万历十年（1582年）。至此，八达岭长城真正成为一处城关相连、墩堡相望、重城护卫、烽火报警的严密防御体系。如果要问此段长城为何名曰"八达岭"，据说是由"八大岭"的谐音而得名。因为这一带山峦层叠、地势险峻，修建长城要在这里转过八道弯，越过八座大的山岭，修建这段长城甚是艰难，曾经先后有8个监工为其而死，所以人们就把这段长城称为"八大岭长城"，后来谐音成为"八达岭长城"。

巍峨长城远景

　　之所以说万里长城是封建王朝时期老北京城的一处防御体系，那是因为在过去的历史上，八达岭长城是护卫居庸关的重要前哨。从八达岭长城至现在的南口，中间乃是一条长约20千米的峡谷，峡谷之中建有关城"居庸关"，所以这条峡谷得名"关沟"。然而能够真正扼住关口的却是八达岭长城，因此古语有"居庸之险，不在关，而在八达岭"之说。由此可见，当时居庸关只是一个关城，而真正的长城是修建在八达岭的。

　　如今，八达岭长城经过多次修葺，可供人们游览的地段有3 741米，其中南段1 176米，北段2 565米。远望八达岭长城，在重叠的山峦之中，气势磅礴的长城城墙南北盘旋延伸在群山峻岭之中，宛如一把锁链镶嵌在天地之间，守卫着曾经的荣耀，真可谓是巍峨险峻，雄风尽展。

　　作为中国古代万里长城的精华所在，八达岭长城正以古老而又年轻、威武而又壮观的雄姿，迎接着慕名而至、来往不息的天下游人。这里有一座气势雄壮浑厚，建筑坚不可摧的大城堡，那就是"北门锁钥"关城的前哨指挥部——岔道城；有射程可在千米以上，威力巨大的先进武器——古炮；有东门额书"居庸外镇"，西门额书"北门锁钥"的5 000平方米关城；有高6～9米，底宽6.5～7.5米，顶宽4.5～5.8米，平面呈现梯形，可以"五马并骑、十人并行"的长城城墙；有形制相互仿照，同时又各具特色的43座敌楼；有古代士兵们平时巡逻放哨，战争时期据守防御的城台；有可以储藏兵器、弹药以及其他战略物资，在军事防御上具有重要战略战术作用的碉堡式建筑——战台。同时，这里还有以万里长城为主题，完整反映长城的历史、政治、军事、经济、文化等内容的综合性长城博物馆；有国内首家环幕型电影院——长城全周影院；有安放着冰心、茅盾、叶圣陶、夏衍、田汉、徐悲鸿、郭沫若、曹禺、吴文藻9位文化名人的骨灰、遗物和雕塑的中华文化名人雕塑纪念园。而且，这里有时还会举行中华龙腾、"不到长城非好汉"等大型综艺活动。

　　巍峨的八达岭长城，远离了城市的喧嚣，在过去却牢牢地守护着城市的安宁；八达岭长城，曾是历代王朝戍守边疆的防线，然而也曾被攻破，颠覆过腐朽落后的政权。时值今日，八达岭长城已然失去了它的军事作用，在历史的岁月中变得苍老而又坚毅。在崇山峻岭、深沟险壑之中，八达岭长城墩堡相望，残存的雄风依旧震撼人心；在岁月变迁、晨昏交替之间，八达岭长城城关相连，默默地诉说着金戈铁马的昨日，还有那逝去的沧桑历史……

门票信息： 旺季45元，淡季35元。

开放时间： 旺季6：30—19：00，淡季7：00—18：00。

交通导航： 1.乘坐公交车919路，票价12元一人，德胜门至延庆，早上6：00发车，末班车19：00；延庆至德胜门，早上5：00发车，末班车18：30。2.乘坐S2线动车组，票价6元一人。3.乘坐公交车877路（空调车），6：00—17：00，发于德胜门，票价12元一人，5分钟一趟；乘坐公交车877路（普通车），6：00—17：00，发于德胜门，票价7元一人，5分钟一趟。

居庸关长城——堪称"天下第一塞"

推荐星级：★★★★★

居庸关长城，素有"居庸叠翠"之名，被列为"燕京八景"之一，位于距离北京市区50余千米以外的昌平县境内。

古语有曰，"天下九塞，居庸第一"，这句话清楚地道出了居庸关的险要。正是因为居庸关的地势险要，自古以来都是兵家必争之地。

早在春秋战国时期，位居北方的燕国就扼控这里；自从秦始皇开始修建长城，时至汉朝时期，居庸关城已经颇具规模；到了南北朝时期，此处关城建筑又与长城连接在了一起；此后的唐、辽、金、元数个朝代，居庸峡谷都有关城

居庸关长城

居庸关内景

好汉碑

建筑；之后到了明代，居庸关进一步成了北京城的军事重镇。在朱元璋灭元之后，虽然将元顺帝赶出了大都城，但是他一直想着卷土重来，收复失地，恢复以往的元朝统治，而居庸关正是元顺帝南下攻城的必经之路，所以对于明朝来讲，加强居庸关的防御建筑是非常必要的。

在过去，这里共有南北两个关口，南面关口名曰"南口"，北面关口则称"居庸关"。现存的关城始建于明朝洪武元年（公元1368年），是明太祖朱元璋派遣大将军徐达、副将军常遇春规划创建的。当时朝廷下令"跨两山，周一十三里，高四丈二尺"；而且之后历代都曾有过修缮建造，特别是在明朝景泰年间，又再次将关城扩大、加固，设置水陆两道关门，南北关门之外全部筑有瓮城，现在能够看到的南北关城券门上的匾额就是当时（明朝景泰十年）修建居庸关的真迹之一。经过明朝时期的修建，居庸关长城的建筑设施达到了最为完备的程度，完整的关城防御体系从北向南由岔道城、居庸外镇（也就是有名的八达岭）、上关城、中关城（也就是居庸关）、南口五道防线组成，而居庸关则是重要的指挥中心。居庸关关城呈圆周封闭的建筑形式，全长有4 000多米，关城的宽窄、高低变化非常之大，最宽处有16.7米，最窄处仅1.2米；墙体内侧偏低，外侧较高，外侧称为垛口墙，内侧叫作女墙或宇墙，这样搭配建筑可以有效抗击敌人。而且，居庸关关城的军事防御范围很广，周围面积有0.5平方千米，南北瓮城相距约850米，东山顶到西山顶的直线距离长有1 150米。整座关城的防御设施建有南北瓮城、城楼、水门、水闸、敌楼、铺房、烽隧、角楼、炮台等，真可谓是"一夫当关，万夫莫开"，气势雄厚。

居庸关长城的两侧，山势陡峭险峻，巍峨壮观，两山中间有一条长达18千米的溪谷，民间俗称"关沟"。纵望"关沟"，涓涓清流萦绕，翁郁翠峰重迭，奇花异木郁茂，深山百鸟争鸣。这种迤逦绚烂的风景，实乃担得起乾隆皇帝亲笔题写的"居庸叠翠"四字，难怪民间一直流传着"关沟72景"之说，这里真是美若仙境。而且，在居庸关的附近区域，还有"五郎庙""六郎寨""弹琴峡""穆桂英点将台""詹天佑铜像"等著名景点，更是大大地增添了这座威武雄关的迷人风采。

过去身处险要的居庸关，自从建立之日就一直饱受硝烟战火，迷失在杀声呐喊之中；如今，居庸关远离了战火纷飞，恢复了那抹迷人的平静，在险峻地势中涂抹着"居庸叠翠"的曼妙画面，惹人流连忘返，长久徘徊徜徉在雄伟壮观的关城、起伏不断的垛口中，驻足于精美石雕的云台旁。

门票信息： 旺季（4月1日至10月31日）成人票45元，淡季（11月1日至次年3月31日）成人票40元。

开放时间： 旺季8：00—17：00，淡季8：30—16：00。

交通导航： 1.在德胜门乘坐公交车345路快在沙河站下车，换乘昌68路直达景区；2.在德胜门乘坐公交车919路南口区间在南口东街站下车，换乘昌68路直达景区；3.乘坐地铁13号线在龙泽站下车，换乘昌平区城乡班车68路直达景区。

黄花城水长城——赞不绝口"三绝景"

推荐星级：★★★★

黄花城水长城位于北京市怀柔区九渡河镇境内，这里的"三绝景"一直令人赞不绝口。

　　在距离北京市城区65千米以外的怀柔区九渡河镇境内，有一处以奇著称的古代建筑。那里特有的"三绝景"更是引人入胜，令人叹为观止，这就是闻名于世的黄花城水长城。除了古代长城建筑，这里还完美地融合了山川与碧水，美不胜收。

　　黄花城水长城始建于明朝永乐二年（1404年），距离现在已经有600多年的历史了。明成祖建都北京以后，将陵寝设在了昌平天寿山的阳面，黄花镇在天寿山的背面，因此，这段黄花城水长城不仅是守卫京师都城的北面大门，更成了护卫明朝皇陵"十三陵"的重要门户。黄花城水长城的建筑采用的是石条结构，在雄伟、险峻、巍峨之中又流露出一种古朴与安静，乃是明朝长城建筑的精华之所在。

三绝景

水长城

　　这里既然敢称"三绝景"，自然不能仅靠一处黄花城水长城博取名声。"三绝景"的"一绝"是黄花城水长城，它盘旋于崇山峻岭之上，环绕在灏明湖之畔，景色之秀美壮观无可匹敌；"二绝"则是湖水将黄花城水长城自然断开，形成了一幅长城戏水、水没长城的奇特景观画面；"三绝"则为明代板栗园，千年古树盘根错节，形态容貌各异，巨龙戏珠之躯加上撑掩苍天之冠，实乃令人赞不绝口。而且，有四面环山、水澈域广的灏明湖，你若有心泛舟湖心，定会怡然神清；有背靠青山、三面环水的半岛，在上面可以最好地欣赏长城落入水中的奇特画面；有淙淙清泉、清爽宜人的黑龙潭；有高低落差将近20米的人工瀑布——"水帘长廊"。

　　来到这里，你可以循古道、过木桥、涉小溪、看怪石，水长城之雄伟壮观足以让你豪迈、震撼，宛如仙境般的美景更是让你心旷神怡，流连忘返，久久不舍离开。

门票信息： 成人票34元，半价票17元。

开放时间： 9：00—17：00。

交通导航： 1. 在东直门枢纽乘坐916快（东直门—怀柔汽车站），到达南华园三区，换乘怀柔至水长城专线车（于家园路口南—水长城）直达；2. 在东直门外乘坐942快（东直门—茶坞火车站）在山立庄站下车，换乘怀柔至水长城专线车直达。

明十三陵——天寿山中葬皇帝

明十三陵是中国明朝皇帝的墓葬群，坐落于北京市西北郊昌平区境内燕山山麓的天寿山

推荐星级：★ ★ ★ ★ ★

明十三陵是一处规模宏大的皇家陵园，整个陵区占地面积约有40平方千米。这里自从明朝永乐七年（1409年）五月开始建造长陵，直到明朝最后一帝

明十三陵

神道

石雕人

崇祯皇帝葬入思陵为止。之间230多年，先后修建了13座皇帝陵墓，7座妃子墓，还有1座太监墓，总共埋葬了明朝的13位皇帝、23位皇后、2位太子、30余名妃嫔、1位太监。明十三陵始建于1409年，距今已有600多年的历史，虽然历经了明末起义军的毁坏、中华民国时期的混乱，但是凭借坚固的建筑和深埋的地宫，陵园依旧得到了很好的保存，成为中国乃至世界现存规模最大、帝后陵寝最多的一处皇陵建筑群。

明十三陵依山而建，十三座皇陵分别建在了东、西、北三面的山麓上，中部恰为平原，陵园前面有条小河曲折蜿蜒而过。明十三陵既是一个统一整体，各个皇陵又自成一个独立单位，分别建在一座山前，陵墓规格大同小异，除了明思陵偏居西南一隅之外，其余皇陵均成扇面形状分列在长陵的左右，形成了体系完整、规模宏大、气势磅礴的陵寝建筑群。明代曾有术士认为，这里实乃"风水"胜境，绝佳"吉壤"，因此，被明朝选为营建皇陵的"万年寿域"。

143

明十三陵是明朝迁都北京城之后十三位皇帝陵墓的皇家陵寝总称，按照时间顺序依次建有明长陵（明成祖）、明献陵（明仁宗）、明景陵（明宣宗）、明裕陵（明英宗）、明茂陵（明宪宗）、明泰陵（明孝宗）、明康陵（明武宗）、明永陵（明世宗）、明昭陵（明穆宗）、明定陵（明神宗）、明庆陵（明光宗）、明德陵（明熹宗）、明思陵（明毅宗），因此称为"明十三陵"。其中保存良好的明长陵、明定陵、明昭陵和十三陵神路已经面向公众开放。

明十三陵从神路开始展开整个陵园建筑。神路由石牌坊、大红门、碑楼、石像生、龙凤门等组成。石牌坊是整个陵区的第一座建筑物，五楹、六柱、十一楼的牌坊结构，全身汉白玉雕砌，加上额枋和柱石上下的龙、云图纹以及麒麟、狮子等浮雕，可见明代时期石质建筑工艺的先进水平。石牌坊的左右两侧东为龙山，西为虎山，遵循古代道教"左青龙，右白虎"的祥瑞之兆，左右"龙""虎"威严地守护着明十三陵的大门。来到大红门，才是明十三陵的真正陵区。大红门两旁原本各竖一通石碑，碑上刻有"官员人等至此下马"，古代任何人员前来拜谒必须步行进入陵园，足见这座皇陵的无上尊严。大红门之后的大道称为神道，也叫陵道，它起于石牌坊，穿过大红门，一直通向里面的长陵。在神路中，最受瞩目的当属栩栩如生的石雕群，它们是陵前放置的石雕人、兽，古时候称其为石像生，千米神道的两旁整齐排列着24只石兽和12个石人。在皇陵中放置这种石像生，借以象征皇帝生前的仪威，说明皇帝死后在阴间也能拥有文武百官和各种牲畜可供驱使，依旧可以主宰一切。明十三陵中石雕群的数量之多，形体之大，雕琢之精，保存之好，实乃古代陵园之罕见。

在整个明十三陵陵区之中，明长陵的营建时间最早，建筑规模最大，截至目前地面建筑保存得也最为完好。它是十三陵中的明祖陵，是明朝第三位皇帝成祖文皇帝朱棣（年号永乐）和皇后徐氏的合葬陵寝，位于天寿山的主峰南麓。明长陵的陵宫建筑占地约有12万平方米，平面布局呈前方后圆，它是陵区中最主要的旅游景点之一。

　　明朝第十三位皇帝明神宗朱翊钧，在位长达48年之久，明朝在他手中日渐衰败。他虽然治国无方，但是所建皇陵却丝毫不马虎，明十三陵中的定陵就是他的陵墓，里面还埋葬着他的两个皇后。定陵位于大峪山下，在明长陵的西南方向，主要建筑包括祾恩门、祾恩殿、宝城、明楼和地下宫殿等，占地182 000平方米之广。而且，定陵是十三座皇陵之中唯一一座被发掘了的陵墓，地宫可供参观。

　　在定陵的西南方向不远处，建有明朝第十二位皇帝明穆宗朱载垕（年号隆庆）和他三位皇后的合葬陵寝——明昭陵，它是十三陵中第一座大规模复原修葺的陵园，也是正式开放的旅游景点之一。因为明穆宗朱载垕在位时期平庸至极，登基6个月之后便不愿再过问政务，在位6年期间也从未发表过自己的政治主张，对臣子的建议与做法也不表示反对，所以他在位期间没有发生较大的战争。在明昭陵祾恩门前的碑亭中竖着无字碑，由石龟负碑，石碑空白无字，或许就是因为这位皇帝的功过实难评定。游人每逢至此，都会喜摸石龟。民间说道：摸摸乌龟头，一生不发愁；摸摸乌龟腚，永远不生病。

　　在明十三陵的陵区中，除了13座皇帝陵墓，还有8座陪葬墓，其中7座妃子（太子）墓，分别是东井和西井、万娘坟、悼陵、世宗贤妃墓、郑贵妃墓、神宗四妃墓。另外还有1座太监墓——王承恩墓，由此可见，王承恩在明思宗崇祯皇帝心目中的地位何等重要。

　　在天寿山山麓有13座皇帝陵墓，不知道是皇陵沾了天寿山的风水，还是天寿山借了皇陵的皇气，明朝的13位皇帝都愿意长眠于此。逝者已然逝去，化作历史红尘，皇陵至今犹在，究竟是在诉说着谁与谁的故事！

门票信息：1. 定陵40元（淡季），60元（旺季）；2. 长陵30元（淡季），45元（旺季）；3. 昭陵20元（淡季），30元（旺季）；4. 神道20元（淡季），30元（旺季）。

开放时间：8：00—17：30。

交通导航：1. 在前门乘坐游1路、游5路，在北京站乘坐游2路，在东大桥乘坐游3路，在永定门乘坐游4路直达；2. 乘坐345路支线、919路到达昌平东关，换乘314路直达；3. 在德胜门乘坐345路在昌平北站下车，或乘坐345路支线在昌平东关站下车，换乘314路直达。

卢沟桥——活灵活现石狮子

卢沟桥，架在距北京市西南方向约15千米处丰台区永定河之上，是北京市现存最古老的一座石造联拱桥。

　　卢沟桥，有时也称为芦沟桥，桥名源于横跨卢沟河（也就是永定河）而得。卢沟桥全长266.5米，宽7.5米，最宽处达到了9.3米；桥有10座桥墩，11个桥孔。卢沟桥的整个桥身都是石体结构，堪称华北地区最长的古代石桥。

卢沟桥全貌

这座卢沟桥建于金朝大定二十九年（1189年），历时三年建成；在明朝正统九年（1444年）的时候曾经进行重修。后来由于清朝康熙年间永定河洪水，桥身受损非常严重，康熙三十七年（1698年）的时候朝廷下令重建，并在桥的西头立碑，专门记述重修卢沟桥之事。早在13世纪的时候，卢沟桥就已闻名于世。那时，意大利人马可·波罗来到中国，后来在他的游记之中，马可·波罗赞誉卢沟桥"是世界上独一无二"的。"卢沟晓月"更是自从金章宗年间就被列为了"燕京八景"之一。

这里不仅景美，而且风调雨顺，自古都有传说"大水漫不过卢沟桥"，不知是真是假，不过里面的故事倒是颇为有趣。旧时掌管天地的玉皇大帝听说卢沟桥是鲁班的小女儿和嫂子一夜时间建成的，听后十分高兴，大加赞赏："人间竟有如此女孩家，实在了不起，依此看来，大水也漫不过桥。"简单的一句话可是愁煞了专管海河的龙王，龙王明白，玉帝的话就是法旨，万万不能让水漫了卢沟桥。为此，龙王整天心事重重，闷闷不乐，龙母心知其忧，建议把龙宫主要管事的人等和九子三女全部召来共商此事。三公主一番考虑之后，给出了方法，龙王大悦，吩咐马上照办。回到后宫，立即发动宫女编织铜网、铁网，然后使用铜网把两岸的河堤严加保护，又将铁网铺在河底以防大水冲刷。生性厚道孝顺的四太子和五太子，眼见小妹为父王排忧解难，决心也为父王分忧，于是，每逢一年汛期，两兄弟就会趴在桥孔处吸水保桥，到如今，桥孔处仍然还有两个龙头一直在吸着水。从此以后，永定河两岸再也没有大的水患，"大水漫不过卢沟桥"的说法也就流传至今。

要是说起卢沟桥之景，必然就要说到卢沟桥的狮子，民间一直有句歇后语："卢沟桥的石狮子——数不清。"卢沟桥的两旁建有281根汉白玉栏杆，每根栏杆的柱头上都有雕工精湛、形态各异的石狮子，神情各异，姿态万千，雌狮戏小狮，雄狮舞绣球。而且，卢沟桥上的石狮子数之不尽、计之不清，根据记载原有627个，在后来的复查中发现现存501个，之后又有陆陆续续的新发现，以后石狮子的数量是否还会再次增添，谁也不敢轻易画上这个句号。这里的石狮子多为明清之物，不过也有少量的金元遗存，非常珍贵。

　　当然，能够让卢沟桥深深印在中国人民心中的，不仅仅是因为这些活灵活现的石狮子，而是在某年某月的某天，这里打响了中华民族全面抗战的第一枪。那是1937年的7月7日，日本帝国主义在卢沟桥附近发动了全面侵华战争，当时驻守宛平城的中国驻军奋起抵抗，历史上将这件事情称为"卢沟桥事变"（也称"七七事变"），从此真正点燃了抗日战争的熊熊烈火。宛平城的城墙上至今还留有累累的弹痕。正是因为全面抗日战争曾经在此爆发，又给这座古老的石桥增添了新的意义。如今，在卢沟桥畔的"中国人民抗日战争纪念馆"，可以看到一座高达4米的艺术雕塑——《狮醒》，它清晰地展现着中华民族那种英勇不屈、勇于抗争的精神。

卢沟晓月

石狮子

　　卢沟桥不仅是最为古老的一座石造联拱桥，这里还承载着中华民族全面抗战打响第一枪的那段历史记忆，有过屈辱、有过疼痛、有过振奋。今天，挑个黎明时分，站在古桥一头，倚栏远望，朦胧中的石狮子，叠翠蓊郁的西山，妩媚迷人的月色，不免惹人感叹一句"卢沟晓月，美若虚有"！

抗战纪念馆

门票信息： 20元，登城门票3元。

开放时间： 旺季（4月1日至10月31日）7：00—19：00，淡季（11月1日至3月31日）8：00—17：00。

交通导航： 乘坐公交车77路、301路、310路、313路、452路、693路、715路等或旅游车在抗战雕塑园站下车；或乘坐公交车309路、339路、392路、458路、459路、624路、661路、662路、843路、952路、971路、978路、983路等在卢沟新桥站下车。

第 5 章

皇家文化的遐想

清漪园——福山寿海园中藏

清朝乾隆年间，一座占地面积约3平方千米，规模宏大的皇家园林，稳稳地坐落在北京城的西山之上，这座皇家园林就是"三山五园"中的"清漪园"。光绪年间，据慈禧老佛爷的旨意，被其改名为"颐和园"。颐和园是保存最为完整的一座皇家行宫御苑，被誉为"皇家园林博物馆"。

　　从北京城的中心天安门出发，向西北方向20千米的地方就是闻名于世的颐和园。如果要说皇家园林代表着中国古典园林艺术的最高水平，那么，现存的颐和园则将历史上的这种精湛文化造诣予以了最完好的典藏。

颐和园俯瞰

石狮

铜牛

　　北京城的西郊共有三座名山，分别是万寿山、香山和玉泉山。当年，乾隆皇帝为了给自己的母后庆祝六十大寿，便把翁山改称为万寿山，把西湖改名为昆明湖，把山园改名为"清漪园"，这便是颐和园的前身。

　　到了1886年，在兴办海军学堂的名义下，朝廷开始对清漪园进行大规模的修复，直至1895年才算正式完工。也许是因为清漪园与祝寿有关，于是其被改名为"颐和园"，意为"颐养冲和"。修缮之后的颐和园，仁寿殿是政治活动中心，乐寿堂和玉澜成了生活居住区，万寿山与昆明湖则为风景区，所以，此时的颐和园不仅是慈禧太后晚年时光避暑、休闲以及做寿的地方，更是她进行内政、外交活动的行宫。1900年，八国联军入侵北京城，颐和园遭到了严重的破坏，等到慈禧太后从西安返回北京城之后，不惜再次花费巨款对颐和园进行了修复，可见颐和园在她心目中的地位何等重要。1998年12月，颐和园被列入世界文化遗产。

　　清漪园的景观主体乃是一山一水，也就是人们熟知的万寿山和昆明湖，山和水在园中的比例大致呈现1：3的面貌，所以，如果人们初入颐和园内，就会感觉自己的一双眼睛都会被水波所浸润。正所谓万寿山俯瞰昆明湖，昆明湖仰望万寿山，如果有机会从高空俯瞰清漪园，仔细欣赏便会发觉，昆明湖水形如"桃"，万寿山则形似"蝠"。追溯到很久以前的历史，京城老百姓已然推断出来，昆明湖正是"寿海"，而万寿山则应了"福山"之名。究其原因其实也很简单，清漪园本来就是乾隆皇帝敬献给钮祜禄皇太后的一份寿礼，当然饱含福寿之意。

如今，要欣赏颐和园中的美景，山水景致自然美不胜收，而那些沉寂在颐和园中的古代景观和经典建筑更是美轮美奂、不可错过。

十七孔桥：远望昆明湖东堤，一尊"蛟龙"俯首思源，这就是著名的十七孔桥。十七孔桥，名副其实有十七个拱券，无论从东向西数去，还是由西向东数去，全都以"九"数结。因为九乃阳数之极，古代的封建帝王们都非常钟情

颐和园雪景

于它。如若站在近处观看，十七孔桥栏板望柱雕工甚是精美，尤其柱头那544樽狮子雕像，各个惟妙惟肖，堪与卢沟桥的狮子雕像一比高下。

铜牛：在十七孔桥东端偏北的位置，一樽铜牛像静静安卧，目光直视着昆明湖，因为它是这汪湖水的守护神。民间曾有传说，铜牛非常神奇，八国联军在侵华时打算运走铜牛，先是割掉了牛尾巴，可是等到他们动手的那天，却发现铜牛已然不在了，不知是何缘由！

苏州街：千里下江南，曾是乾隆皇帝人生中的一大乐事。可是皇帝不能总是离宫南巡，因此就想出了一个一劳永逸的方法，把江南活生生地"搬"到京都。因此北京城内有很多地名叫作"苏州街"，然而颐和园中的苏州街才是名副其实，不仅在建筑风貌上取法于江南，当时还有宫女、太监们装扮成买主或卖主，以供皇帝嫔妃们欣赏。

清晏舫：寓意"海清河晏，四海九州皆安定"。在清漪园万寿山的南麓，有一艘"石船"，头部朝向昆明湖，其名就叫"清晏舫"。早年刚刚建成的时候，乾隆皇帝经常来此登船品茶，同时还能远望画里画外的无限风光。到了清末时期，慈禧老佛爷下令重新修缮，将"清晏舫"改成了西洋样式，至今仍然没有改变。

长廊：在清漪园万寿山的山南，临近河沿，有一条美丽的"花边"，如同万寿山的漂亮裙带，这就是颐和园长廊。它是全世界最长的一条园林长廊，徜徉其中，但凡山水风景、花鸟鱼虫、人物故事等，全都服帖于椽、楣之上，在728米行程之中，4000余幅精彩画面尽收眼底。

春夏秋冬四个季节，颐和园中景致各异，但是皆为如梦仙境。漫步其中，除了能够一览世间美景之外，如果心静如水，说不定还能感受到一丝旧年的皇家气息。

清晏舫

门票信息： 旺季（每年4月1日至10月31日）30元，淡季（11月1日至次年3月31日）20元。

开放时间： 旺季：大门 6：30—18：00，园中园8：30—17：00，静园20：00；淡季：大门 7：00—17：00，园中园9：00—16：00，静园19：00。

交通导航： 乘坐公交车209路、330路、331路、332路、346路、394路、712路、718路、726路、732路、696路、683路、801路、808路、817路、926路等在颐和园站下车，乘坐公交车303路、375路、384路、393路、634路、716路、696路、808路、834路、特5路在颐和园北宫门站下车；乘坐地铁4号线在颐和园北宫门站或西苑站下车。

圆明园——逝者如斯

圆明园，位于北京城西郊的海淀区，由圆明园、长春园和万春园三园组成，是清朝帝王用150余年时间创建和经营的一座大型皇家宫苑，被誉为"万园之园"。

推荐星级：★★★★★

　　圆明园坐落在北京城的西北郊，是一座举世闻名的皇家园林。因为它是由圆明园、万春园和长春园组成的，所以也称"圆明三园"。圆明园乃是清朝时期著名的皇家园林之一。

　　圆明园最初是康熙皇帝赐给皇四子（即后来的雍正皇帝）的一座皇家花园，在康熙四十六年即公元1707年的时候，圆明园已经初具规模。等到雍正皇

圆大水法遗址

帝1723年继位以后，便开始大力拓展圆明园，并且在园子南面增建了正大光明殿、勤政殿以及内阁、六部、军机处诸值房，御以"避喧听政"。13年之后弘历继位，依旧不断地扩展着圆明园。乾隆皇帝在位的60年，真可谓是对圆明园岁岁营构，日日修华，浚水移石，费银千万。乾隆皇帝除了对圆明园进行局部增建、改建之外，更在其紧东邻新建了长春园，在东南邻并入了绮春园，至此，圆明园的规模空前宽广，实至名归地成为"万园之园"。其实，圆明园是指圆明、长春、绮春（后来改为万春）三园的总称，由于圆明园置建最早、规模最大，又是皇帝避暑之地，所以在道光皇帝以后，圆明园就成了这三座园子的总称。

　　圆明园中的陆上建筑面积可以与故宫相互匹敌，水域面积也可以与颐和园所媲美。大清王朝倾全国物力，集无数精工巧匠，填湖堆山，种植奇花异木，集国内外名胜40景，建成大型建筑物145处，圆明园内收入了难以计数的艺术珍品和图书文物。

迷宫

　　圆明园体现了中国古代造园艺术的精华，是当时最为出色的一座大型园林。乾隆皇帝曾经说过："实天宝地灵之区，帝王豫游之地，无以逾此。"圆明园不仅是园林之首，也是旧时的政治中心。圆明园继承了中国3000多年的优秀造园传统，既有宫廷建筑的雍容华贵，又有江南水乡园林的委婉多姿，同时，还汲取了西方的园林建筑形式，把不同风格的园林建筑融为一体，在整体布局上让人感到和谐完美。虽然全园之中共有100多组建筑群，可是却无一处雷同，真可谓"虽由人做，宛自天开"。

　　从圆明园可以看出，当时的皇帝懂得吸收西方国家的知识，并将其纳入了圆明园的建设之中。圆明园除了含有中国风的设计，还加入了大量的西洋风格，最具代表的就是为观看西洋喷泉而建的三组建筑"大水法""观水法"和"远瀛观"，除此之外还有海晏堂、谐奇趣、黄花阵（迷宫）等西洋楼台。圆明园，曾以其宏大的地域规模、杰出的营造技艺、精美的建筑景群、丰富的文化收藏和博大精深的民族文化内涵而享誉于世，被誉为"一切造园艺术的典范"和"万园之园"。　法国大作家维克多·雨果在1861年曾有这样的评价："你只管去想象那是一座令人心神向往的、如同月宫的城堡一样的建筑，夏宫（指圆明园）就是这样的一座建筑。"人们常常这样说："希腊有巴特农神庙，埃及有金字塔，罗马有斗兽场，东方有夏宫。"圆明园绝对是一个令古今中外叹为观止的无与伦比的杰作。

　　然而时至公元1860年，也就是清朝咸丰十年的时候，英法联军攻占北京城，在10月6日占领了圆明园；10月18日的时候，英军再次冲入圆明园，并且纵火焚烧了圆明园，自此，曾经最为辉煌的圆明园化为炙热的火焰，往昔不再。直至1983年，圆明园正式被确立为遗址公园；1988年，圆明园遗址公园正式开放。每当人们踏进圆明园的时候，都会看着这些遗址废墟而感叹，曾经是多么叱咤风云，风华绝代，如今留下的只有感叹。

　　自康熙四十六年（1707年）伊始，到咸丰十年（1860年）而止，圆明园的建造历经了康熙、雍正、乾隆、嘉庆、道光、咸丰六代皇帝，时间长达150年之久，真可谓是"一座圆明园，半部清代史"。

　　如今，"一切造园艺术之典范"的圆明园遗址依旧守在那里，清华大学之西、北京大学之北，这里掩藏着曾经的历史和痛心的过去。

兽首

残桥

门票信息：成人票10元，联票25元。

开放时间：7：00—19：00。

交通导航：乘坐公交车319路、320路、331路、432路、438路、498路、601路、626路、628路、664路、690路、696路、697路、特6路等在圆明园东门站下车；乘坐365路、432路、562路、614路、664路、681路、982路、特4路、运通105路、运通205路等在圆明园东路站下车；乘坐地铁4号线在圆明园站下车。

北海公园——一池三仙山

北海公园位于北京城的中心位置，在景山西侧、故宫西北，它与中海、南海合称为三海，属于中国古代皇家园林。整座园林以北海为中心，是中国现存最古老、最完整、最具综合性和代表性的皇家园林之一。

推荐星级：★★★★★

北海公园原是辽、金、元三个朝代的离宫，明、清时期辟为帝王御苑，1925年的时候开放为公园。因此，北海公园是一座有着近千年历史的皇家园林，也是中国保留下来的最悠久、最完整的皇家园林。

位于北京城中心区的北海公园，全园以北海为中心，主要由北海湖和琼华岛组成，其中水面面积约占39万平方米，陆地面积占32万平方米。不知道是不

荷花

是秦始皇开了先河，中国历史上的很多皇帝都认为海上会有神仙，山里也藏着
神仙。尽管谁也不曾找到真神，但是皇家如果造园，都喜欢采用一种名曰"一
池三仙山"的手段，简而言之，就是在一池湖水之中安建三座岛屿。

　　北海公园全园就是以神话中的"一池三仙山"（太液池，蓬莱、方丈、瀛
洲）来构思布局的，形式非常独特，带有十分浓厚的幻想色彩，历来都有"仙
山琼阁"的美誉。北海公园以琼华岛为中心。琼华岛近水而立，挺拔秀丽，

北海公园俯瞰

山顶耸立着白塔；南面的寺院依山势而排列，直到山麓岸边的牌坊；再有一桥横跨，和团城的承光殿气势连贯；同时，遥相呼应北面山顶至山麓，亭、阁、楼、榭在幽邃的山石之间穿插交错，若隐若现，岛下则是碧波浩淼，游船如织。而且，北海公园之内还保存有文物铁影壁、16面多角形塔式石幢、495方历代著名书法家真迹、万岁山团城和承光殿玉佛等。整座园林一派诗情画意。

北海公园博采了各地的造园技艺之所长，在北方园林的宏伟壮阔气势之中，融入了江南水乡私家园林的婉约风韵，既有封建帝王宫苑的富丽堂皇，又弥漫着宗教寺院的庄严肃穆，真可谓是气象万千。若是畅游北海公园，三处景点万万不能错过——以团城为主要景点的南部景区，以琼华岛上的永安寺、白塔、悦心殿等为主要游览景点的中部景区，以五龙亭、小西天、静心斋等为重点景致的北部景区。

迈上小舟，轻手推开波浪，在绿的树、红的墙之间，在清的水之上，在白的塔之围，回望旧年，乐享时光。

门票信息： 旺季（4月1日—10月31日）10元，淡季（11月1日—次年3月31日）5元。

开放时间： 4月、5月、9月、10月为6：00—21：00，6月至8月为6：00—22：00，11月、12月、1月至3月为6：30—20：00。

交通导航： 乘坐公交车5路、101路、103路、109路、124路、685路、814路、846路等在北海公园站下车。

162

景山公园——酷似一尊人像

景山公园位于老北京城垣南北中轴线的中心点上，地处故宫北面，是元、明、清三个朝代的皇家御苑。

如今位于老北京城中轴线上的景山公园，在元代之前是荒郊野地。在远古时期，景山以及北海等地都是永定河的故道，旧时景山所处的河道地势偏高，永定河改道之后逐渐成了土丘。到了金大定十九年（1179年），金世宗在此地南侧修建太宁宫，并将此地堆成小丘，建成了皇家苑囿，时称"北苑"。等到13世纪中期，元代皇帝把原有的金代小丘改称为"青山"，也有说法认为元代时期此处称为"镇山"，隶属于元大都之中后苑。明代时期，在北京城修建皇

景山公园俯瞰

绮望楼

宫的时候，曾经在此地堆过煤，所以此地又被称为"煤山"；明清时期园内种植了很多果树，山下饲养成群的鹤、鹿等，寓意长寿之兆。皇帝每到重阳节都会到此地登高远眺，以求长生，所以山下曾被称为"百果园"，山上称作"万岁山"，直到清朝顺治十二年(1655年)的时候，才正式改名为"景山"。

也许是景山太过惹眼，在光绪二十六年（1900年）庚子事变的时候，八国联军占领北京城，景山首当其冲，受到了严重的破坏，景山五亭之内的佛像中竟有四尊被掠走，各殿陈设宝物也被洗劫一空。等到帝后回銮，景山早已风华不再。值得庆幸的是，中华民国十七年（1928年），景山被正式辟为公园，隶属故宫博物院管理，经过大力修葺之后专供游人观赏。

经常听闻，景山公园酷似一尊盘腿打坐的人像，被称为"景山坐像"，这是何故？原来，从高空俯瞰，景山公园的寿皇殿建筑群像是"坐像"的头部，大殿和宫门组成了"眼、鼻、口"，而坐像的"眉毛"则由树木组成，两侧极为对称的三角形树林组成了坐像的"胡须"，但是它却被寿皇殿的外墙隔开了。如果景山公园真是一幅人像的话，那么，它无疑是世界上最大的用人工建筑组成的一幅人像，宛若天工。然而，至于这座人像究竟是古人有意而建还是一种机缘巧合，至今还是一个未解之谜。

景山是我国保存最为完整的宫苑园林之一，曾经，它也是皇宫的重要组成部分。景山这座皇家苑囿共有三座园门，即景山门、山左里门和山右里门，山上还有祭祀孔子的绮望楼，园中更有观妙亭、周赏亭、万春亭、富览亭、辑芳亭五座峰亭。站在景山的山顶，就可以俯视京城全貌，不远处金碧辉煌的古老紫禁城与现代化的北京城新貌尽收眼底，一览无遗。

哪天你若走进景山公园，不妨在里面悠闲地逛一逛，看看昔日的"煤山"还有无煤的痕迹，看看这里还有无历史的往事。

门票信息：成人票2元，学生凭学生证1元，60岁以上老人免费。

开放时间：6：30—21：00。

交通导航：乘坐公交车111路、124路等在景山公园站下车，乘坐5路、609路在西板桥站下车，乘坐101路、103路、109路、124路、609路、614路、619路、685路等在故宫站下车。

天坛——天子敬天问神明

天坛位于故宫的东南方，比故宫面积大4倍，始建于明朝永乐十八年（1420年），是明、清两代皇帝祭天之地。

推荐星级：★ ★ ★ ★ ★

在老北京城的东南部，坐落着中国现存最大的皇帝祭天建筑——天坛，它是明、清两代帝王冬至日时祭皇天上帝和正月上辛日行祈谷礼的地方。这个建筑综合体创造了一种象征性的联系，旧时用以强化社会的等级制度。

祈年殿

回音壁

圜丘坛

　　根据史书记载，中国古代在很久以前就有正式祭祀天地的活动，甚至可以追溯到公元前2000年。而且历史上的每一位皇帝都把祭祀天地当成一项十分重要的政治活动，或许是因为他们自称天子，祭祀天地也就理所应当。因此，用以祭祀天地的建筑在帝王的都城建造中地位十分重要，明、清时期营建的天坛，就成了中国众多祭祀建筑中最具代表性的一处，堪称世界建筑史上的一大瑰宝。

　　明永乐十八年（1420年）开始兴建天坛，整整用工14年，天坛与紫禁城同时建造完成，当时名曰"天地坛"，祭祀的地方名为"大祀殿"。大祀殿是一处方形的建筑物。到了嘉靖九年（1530年），因为立四郊分祀的制度，改为天地分祀；嘉靖十三年（1534年）天地坛改称"天坛"，并且在天坛中建造圜丘坛，专门用以祭天。清廷入关以后，这一切依旧遵循明朝旧制。时值乾隆时期，朝廷大兴天坛建造工程，进行了天坛内外墙垣的重建，而且天坛中的主要建筑祈年殿、皇穹宇、圜丘等也都是在此时改建，可见乾隆时期清廷国力之强；再历经了光绪皇帝的重修改建之后，逐渐形成了现在天坛公园的格局。

　　北京城的天坛占地约有272万平方米，整个面积比紫禁城还要大出许多。天坛的建筑布局呈"回"字形，由两道坛墙分成内坛和外坛两大部分，整个布局和建筑结构都具有十分独特的风格。最南的围墙呈方形，象征地；最北的围墙呈半圆形，象征天，北高而南低。这种建造方式既表示天高地低，又表示了"天圆地方"的理念。天坛之中的主要建筑物集中在内坛中轴线的南北两端，由南向北分别是圜丘坛、皇穹宇、祈年殿和皇乾殿等，另外还有神厨、宰牲亭和斋宫等建筑和古迹。天坛里的所有建筑都在突出"天"的至高无上，身处天坛，让人轻易就能感受到上天的伟大和自身的渺小；而且仅就单体建筑来看，其主要建筑祈年殿和皇穹宇都采用了圆形攒尖顶，外部台基和屋檐一层一级地向上收缩，也给人一种与天逐渐接近的错觉。

　　在天坛的主体建筑之中，圜丘坛又称祭天台、拜天台或祭台，是封建皇帝冬至日时祭祀上天的地方。整个坛的周长534米，高5.2米，分为上、中、下三层，各层栏板望柱和台阶的数目都用阳数（也称"天数"，也就是数字九的倍数），象征"九五之尊"之意；圜丘坛的外面建有两重围墙，内圆外方，并且在四面各自开辟一座棂星门，在圜丘坛的西南角建有三座望灯台，东南角还有燔柴炉、瘗坎、燎炉以及具服台等；同时，圜丘坛的东面建有神库、神厨、宰牲亭、祭器库、乐器库和棕建库等。

　　在圜丘坛的北侧，建有皇穹宇。皇穹宇坐北朝南，设有圆形围墙，其中主要建筑包括皇穹宇以及东、西配殿，它是供奉圜丘坛祭祀神位的场所，皇帝祭天时所用的祭祀神牌等都存放在这里。人们来到天坛的皇穹宇，都会见识一下似神非神的回音壁。这个回音壁其实是皇穹宇的围墙，高3.72米，厚0.9米，直径61.5米，周长193.2米。因为围墙的弧度设计十分讲究，墙面光滑又整齐，所以它对声波的折射十分规则。如果两个人分别站在东、西配殿后面，贴墙而立，其中一人靠墙向北说话，声波就会沿着墙壁连续折射，直到传至一二百米的另外一端，无论声音多小，都能使对方听得十分清楚，而且声音显得非常悠长，给人一种"天人感应"的神秘感觉。

　　天坛的另外一处主体建筑就是祈年殿，始建于明永乐十八年（1420年），是天坛最早的建筑物。祈年殿建在天坛北部，又称祈谷坛，原名大祈殿、大享殿，过去皇帝每年都要在这里举行隆重的祭天仪式，向天祈祷风调雨顺、五谷丰登。祈年殿呈圆形，是一座有鎏金宝顶的三重檐圆形大殿，殿檐使用深蓝颜色，借此来象征天。祈年殿在建筑设计上，最出色的地方就是采用了28根楠木大柱与36块互相衔接的榜、桷，用以支撑三层连体的殿檐。这些大柱各有不同的含义：中央四柱称为通天柱，象征四季；中层十二根金柱，代表十二个月；外层十二根檐柱，寓意十二个时辰；中外层相加的二十四根大柱，代表着二十四个节气；三层相加总共二十八根大柱，象征二十八星宿；再加上柱顶八根童柱，是指三十六天罡；最后，宝顶下的雷公柱代表着皇帝一统天下。由此可见，中国传统建筑是中国传统文化的一种具体、外化的体现。通过传统建筑，我们可以触摸到一种文化最深邃的精义所在。

　　如果想要悟透天坛，不妨找个天高云淡的晚秋时节，伴着暮色，穿过那些越远越小的重重门廊，感受那种极目无尽的天地渺然和雄浑气势。

门票信息： 淡季（11月1日至3月31日）10元，旺季（4月1日至10月31日）15元；除了公园门票之外，园内景区门票20元；通票淡季30元；旺季35元。

开放时间： 大门6：00—22：00开放，内部景点8：00开放；3月1日至6月30日，景点17：30关门；7月1日至10月31日，景点18：00关门；11月1日至次年2月28日，景点17：00关门；静园时间21：00。

交通导航： 乘坐公交车6路、25路、34路、35路、36路、39路、41路、43路、60路、116路、525路、610路、614路、684路、685路、687路、707路、723路等在法华寺站下车；乘坐2路、20路、35路、69路、71路、504路、626路、707路、729路、特11路等在天坛西门站下车；乘坐36路、53路、120路、122路、525路、610路、614路、958路、特3路、特11路、特12路以及运通102线等在天坛南门站下车；或乘坐地铁5号线在天坛东门站下车。

第6章

历史的车辙与文化的印记

周口店北京人遗址——古人类朝圣之地

周口店遗址是国家重点文物保护单位，是世界上遗存最丰富、最系统、最有价值的旧石器时代早期的人类遗址。

周口店遗址位于北京城西南约50千米处的房山区境内，背靠峰峦起伏的太行山脉，面临广阔的华北平原，山前一条小河。这里自然资源非常丰富，气候适宜，是50万年前北京猿人、10万～20万年前新洞人、1万～3万年前山顶洞人

北京猿人

生活的地方。周口店遗址自1927年进行大规模发掘以来，共发现不同时期的文化遗物地点27处，发掘出土近200种动物化石及大量的用火遗迹，40多个"北京人"的化石遗骸，10多万件石器等，成为有名的人类化石宝库和古人类学等多学科综合研究基地。

通常来讲，周口店北京人遗址指的是龙骨山上的8个古人类文化遗址和哺乳动物化石地点，地址位于周口店村西。此处有两座东西并列的山丘，其中东侧山丘有一个大山洞，俗称"猿人洞"，也就是著名的北京猿人化石出土地点。周口店北京人遗址第1地点（也就是"猿人洞"）原本是一个天然的石灰岩溶洞，从距今大约50万年起，北京猿人在这里陆续生活了20万～40万年。后来通过对相关文化沉积物的考察和研究，可以推算北京人的身高大约为156厘米（男），150厘米(女)，他们属于石器时代，加工石器的方法主要是锤击法，其次还有砸击法；而且能够证明，北京人还是最早使用火的古人类，他们能够捕猎大型的动物。但是根据统计，那时北京人的寿命都比较短，大约有68.2%死于14岁之前，超过50岁的几乎不足4.5%。

总的来说，整个周口店北京人遗址最早被人们发现的地点是第6地点，是被瑞典科学家在1918年的时候发现的；到了1921年的时候，人们又发现了周口店第1地点，同年还发现了周口店第2地点。在以后的1921年至1927年，考古学家先后三次在周口店北京人洞穴遗址外发现了三枚人类牙齿化石。1929年的时候，中国古人类学家在龙骨山发掘出第一颗完整的北京猿人头盖骨化石，同时还有人工制作的工具和用火遗迹，这成为震惊世界的一项重大考古发现。从1929年起至今，北京人遗址的发现地点已经编到了"第25地点"，而且大多数地点都在周口店附近，考古学家已经发掘出了代表40多个尸体的头盖骨、下颌骨、牙齿等化石以及丰富的石器、骨器、角器和用火遗迹等。

"七七"事变之后，周口店这片地方被日军占领，遗址发掘人员相继被杀，相关办公室也被捣毁，发掘工作也就随之终止。更为可惜的是，在抗日战争时期，头盖骨在转运的途中不慎失踪，至今仍然下落不明。中华人民共和国成立之后，又开始对周口店北京人遗址进行了继续发掘。1953年的时候，在周口店北京人遗址附近建成了周口店遗址博物馆，面向公众开放。现在的遗址博物馆分为4个展厅，系统而清楚地向人们介绍了50万年前的"北京人"、10万年前的"新洞人"、18 000年前的"山顶洞人"的生活环境和生活状况。

周口店北京古人类已经懂得如何用火，也会相互帮助捕捉大的动物，但是他们究竟怎样年复一年、日复一日地生活，或许只有亲身来到周口店遗址，才

周口店遗址

能清晰地感受到那种原始、荒蛮的生活气息。

　　周口店遗址分遗址区和博物馆两部分，常年向观众开放。遗址区有著名的猿人洞、新洞、山顶洞等多个化石地点。博物馆包含4个展厅，藏有大量珍贵的文化遗物、动物化石、石器，图文并茂地向观众诠释了周口店遗址的历史价值和文化内涵。馆内还有三维动画、模拟发掘、动手制作、磨制骨针、模型装架等特色科普互动项目。1961年周口店遗址被国务院公布为首批全国重点文物保护单位，1987年被联合国教科文组织列入中国首批《世界文化遗产名录》。

门票信息： 30元。

开放时间： 8：30—16：30。

交通导航： 乘坐646路，前门至良乡西门，换乘38路中巴直达周口店遗址；乘坐616路，北京西站南广场至良乡西门，换乘38路中巴直达周口店遗址；乘坐971路，赵公口至良乡西门，换乘38路中巴至周口店遗址。

元大都遗址公园——元时辉煌不复存

推荐星级：★★★

北京城的元大都遗址公园是在元朝首都大都的土城遗址上建造起来的，它西起海淀区明光村附近，向北直到黄亭子，折东经过马甸、祁家豁子直到朝阳区芍药居附近。

　　元大都遗址公园分为海淀区和朝阳区两段，全长共有9千米，是北京城内最大的带状公园。可以说，元大都遗址公园完美地融合了历史遗迹保护、改善生态环境和休闲游览等多种功能。

　　既然称为元大都遗址公园，那么必然就是在元朝大都城的基础之上建造的。曾经的元大都城乃是元世祖忽必烈用了18年时间才建成的，大都城的城墙共有2.8万余米，全部用土夯筑而成。元大都城在金朝中都城的东北郊外，它

"大都鼎盛"组雕

的兴建为如今北京城的整体格局奠定了重要基础。旧时元大都城的最北部分，在明朝初年北墙南移的时候，遗存在了城外，俗称土城。在德胜门外，有一处名叫土城关的地方，就是当时元朝建德门的遗址。在土城的西壁，存有肃清门遗址，旧时建有的楼馆废墟，还有双阜壁立。此处曾经树木蓊郁繁茂，鸣禽四翔，郊野风光甚是惹人。早在金朝中都时期，就已经有"燕京八景"一说，"蓟门烟树"就是其中之一。然而明、清以来，"蓟门烟树"之景徒以虚名相传，未见其实，而且元朝大都的城垣遗迹更是日见残毁。直到后来，才在黄亭子恢复了旧时的"燕京八景"之一——"蓟门烟树"景区，同时建造了元代武士雕像。

在今天的元大都遗址公园中，人们除了能够找到元朝大都城垣的残遗旧迹，还能看到众多的知名景点。其中，元城新象、大都鼎盛和龙泽鱼跃是公园的3个一级景区，双都巡幸、四海宾朋、海棠花溪、安定生辉、水街华灯以及角楼古韵等是公园的6个二级景区，这些都使元大都遗址公园成了京城中的一座现代城市遗址公园。

在安定路小关路口的东侧，极具视觉震撼力的"大都鼎盛"组雕和总长有80米的大型壁画配以骏马、石羊、木亭等园林小品，凭借一种独特的艺术魅力展现在人们的眼前，非常真实而又生动地表现了元朝在政治、经济、军事、科技、文化、生活等各个方面的特点和杰出成就，蕴含着一种粗犷豪迈的草原气息，使元大都遗址公园成为一座大型的"露天艺术博物馆"。"大都鼎盛"也是北京市最大的室外组雕。

而"双都巡幸"景区位于整个元大都遗址公园的最西端，在建德门桥的东侧。至元元年（1264年），忽必烈决定在燕京设立都城，并且将其改名为"中都"，到了至元八年（1271年）又将它的地位提升，称其为"大都"，也就是元朝的首都。然而当时，在广阔的大草原上还有另一个政治中心——开平府，那时称为"上都"。这种两都并立的治理模式，是当时元朝政治统治的一大特点。每年春天的时候，元帝携同后妃、诸多贵族以及大小官吏等，从京城大都出发前往陪都上都度夏，等到秋天再从陪都上都返回京城大都过冬，年复一年，没有一次例外，因此形成了这种独有的"双都巡幸"的习俗。元大都遗址公园内的"双都巡幸"浮雕墙生动地反映了元帝春秋往返，百官迎送的隆重场面。

在元大都遗址公园中，丰富的组雕、浮雕叙述着元朝的历史和故事，水中的睡莲、菖蒲、芦苇等诉说着一种叫作自然的东西，空气中也弥漫着鸟语花香。如果你想寻找元朝的记忆，如果你想在闹市之中寻求一片安静，这里真是一个好去处。

门票信息： 免费。

开放时间： 全年开放。

交通导航： 一号地：乘坐公交车941路、21路、734路、小73路、921路等可以到达；二号地：乘坐公交车734路、941路、849路、小73路、21路等可以到达；三号地：乘坐公交车849路、380路、409路、941路、小73路、702路等可以到达；四号地：乘坐公交车104路、117路、108路等可以到达；五号地：乘坐公交车422路、运通101路等可以到达；六号地：乘坐公交车361路、422路、119路、62路、419路等可以到达；七号地：乘坐公交车361路、422路、119路、62路、419路等可以到达。

公园一角

明城墙遗址公园——北京城的东南角

明城墙遗址公园地处北京城的中心地域，东自城东南角楼，西达崇文门，总面积大概有
15.5万平方米，其中明城墙遗址和城东南角楼占地3.3万平方米。

在历史上，明代城墙全长有40千米，始建于明永乐十七年（1419年），距
今已经有590多年的历史了，但是，由于种种历史原因，北京城原有的城墙在整
体上已经不复存在了。今天的崇文门至城东南角楼一线的明城墙遗址全长约有
1.5千米，是原北京内城城垣的组成部分，是目前仅存的一段明代城墙，也是北京
城的标志。这段城墙始建于明嘉靖年间，其城东南角楼是全国仅存的规模最大的城
垣转角角楼，建于明正统元年（1436年）。

明代城墙是明清时期北京城不可或缺的重要组成部分，也是老北京城的一

明城墙遗址公园

个象征。目前，北京城中明、清时期的城墙遗迹仅存两处，这段崇文门至城东南角楼的明城墙遗址是截至目前最长的一段明清城墙，而且这段城墙也遭到了严重的破坏。

很久以来，这段宝贵的明城墙遗址一直都被一些单位、居民占用，有的住户拆除了城砖、挖掉了城墙夯土，有的将城墙打洞改成了后山墙，这些都对明代城墙的原貌造成极大的破坏，严重威胁着这段城墙和遗址。后来，北京市决定对明城墙遗址进行腾退整治。随着北京市政府对占用遗址单位、住户的外迁等整治工作的逐渐实施，这一地区的环境发生了根本性的变化，真正改变了多年以来存在的房屋破落、垃圾遍地等非常影响市容市貌的状况，同时环绕城墙遗址栽种了草坪和树木，建成了环境优美的明城墙遗址公园。

北京明城墙遗址公园的建设主要是以保护明代城墙为主，通过营造一种沧桑、古朴的自然环境来完美地展现古都城墙的文化底蕴和历史风貌。建成后的明城墙遗址公园独具风格和特色，在地理位置上由西向东依次形成了"老树明墙""残垣漫步""古楼新韵""雉堞铺翠"等景观，展现出了非常悠久的历史。

如果你有闲暇时间，可以来到北京城的东南角，站在这段明代城墙之下，一种历史的厚重感和时光的沧桑感便会在心头油然而生，令人平添无限的遐思。

门票信息： 城墙免费，角楼10元。

开放时间： 9：00—17：00。

交通导航： 乘坐公交车41路、43路、44路、59路、610路、713路、820路、特2路等在东便门站下车；或乘坐地铁2号线在崇文门站下车。

皇城根遗址公园——故地新墙叹回忆

位于北京市中心的皇城根遗址公园是北京城中最大的街心公园，整个公园南起长安街，北至平安大道，内部设计和建筑向人们清晰地展示了古都北京城独特的人文环境和历史脉络。

北京城的皇城根遗址公园，建在了明清时期北京城的第二重城垣——"东皇城根"遗址之上，公园西邻南北河沿大街，东自晨光街，南起东长安街，北至平安大街，全长达到了2.4千米，平均宽度是29米。

皇城根遗址公园

对弈

五四运动——翻开历史新的一页

存在了800多年的北京城，自从元朝时期就形成了中、内、外三重格局，最中心为紫禁城，也就是我们经常说起的故宫。紫禁城的外围是皇城，皇城的外面称为内城。明永乐年间重建紫禁城之后，北京城的三重格局变得更为明确和完整。位于紫禁城和王府井之间的皇城根遗址公园，在历史上乃是明、清时期皇城根东墙的位置。皇城是在元朝大都时期所形成的，当时称为"萧墙"，对皇宫起到拱卫作用。早在封建王朝时期，皇城之内只设衙署，不准居住居民。这段皇城墙到了清代时期都没有作出很大的更张，只是进行过多次修葺。但是清朝覆亡，自从民国初年城墙被陆续拆除之后，人们就不断选择在这里搭屋建舍，皇城在人们的记忆中慢慢湮没。时至今日，只留下了南面的一段，也就是天安门城楼东侧到南河沿大街路口、西侧至府右街路口一线永恒矗立着的"天安门红墙"，而其他三面的皇城墙和三个门都已经不复存在了，所以很多人对此已经没有了概念。

为了重新唤醒人们对古老北京皇城的回忆，因此对部分皇城进行了整修，建成了一座皇城根遗址公园。现在的皇城根遗址公园，在建设中分别选取了东安门、五四路口、四合院、中法大学、南端点、北端点等多个节点，采用恢复小段城墙，展现部分地下遗址的不同方法，让老北京城的历史文脉得到了充分的展示。皇城根遗址公园从南面开始，一直贯穿了欧美同学委员会、老舍故居等历史建筑，让人们在走进公园的一刹那间，就像走进了一条时空隧道，面对的是一段段凝固的历史篇章。顺着再往北走，就来到了著名的五四大街，在这里安静地屹立着一座极具革命历史意义的建筑——北大红楼。那是名副其实的红色，在暖暖阳光的照耀下，显得熠熠生辉。这里见证了中国历史上的许多历史事件，它是真正的红色起点，是当年五四运动的策源地，也是革命的起点。当人们站在皇城根遗址公园的民主广场上时，仰望这座充满活力与希望的红楼，不禁就会忆起那如火如荼的革命年代。

根据相关文献记载，过去东皇城根附近的东厂胡同曾经是老北京城中最早的一处公园，不过如今早已踪迹无存。现在在皇城根遗址之上修建了漂亮、气派的公园，与那个时候堪称京城第一的公园，也可以进行"时空对话"了。在皇城根遗址公园之中，有石雕的明清时期北京地图、地下墙基遗存、复建小段旧皇城城墙、东厂和翠花胡同间的四合院、中法大学的雕塑等几大人文景致，还构成了"梅兰春雨""御泉夏爽""银枫秋色""松竹冬翠"等四季景致。同时，在公园之内兴建的"对弈""时空对话""露珠""掀开历史新的一页"等数十座雕塑、浮雕等景观，更是宛若一幅幅打开了的北京历史民俗风情画面。

漫步在皇城根遗址公园之中，可以悠闲散步，嗅闻自然的气息和绿色的味道，也可以回眸历史，追古抚今，留下无尽的感慨。

门票信息： 免费。

开放时间： 0：00—23：30。

交通导航： 乘坐公交车6路、10路、60路、82路等在南河沿下车，或乘坐专线1路在皇史宬(菖蒲河公园)下车。

鲁迅故居——大师身居小院子

推荐星级：★★★★

北京城中的鲁迅故居位于北京市西城区阜成门内宫门口二条19号，是鲁迅1924年至1926年在北京的住所。这是一座青瓦灰墙的小四合院

经由白塔寺向西走，然后在阜内北街路口向北转，先是会看见宫门口头条，再一直往北就是宫门口二条。其中宫门口二条的19号，就是鲁迅先生1924年至1926年在北京城中的住所，期间周母与妻子随同。

宫门口二条19号是一座典型的一进四合院，"十"字形青砖步道通向东西厢房和正房，道路空隙之中则种植了枣树和石榴树。北边房屋是鲁迅先生的母亲和妻子的卧室，西边房屋是厨房，东边房屋是女工们的卧室，南边房屋是鲁迅先生会客和藏书的地方。而在堂屋的后面，又接出了一间小房子，那里才是鲁迅先生的卧室兼工作室。

青瓦灰墙的小四合院

三味书屋

居住在宫门口二条19号的那短短几年里，鲁迅先生的文学创作生涯似乎也随之达到了一个相对的顶峰，相继写出了《华盖集》《华盖集续编》《野草》三本文集和《彷徨》《朝花夕拾》《坟》中的一部分文章，而且印行了《中国小说史略》《热风》等不朽著作，同时还主持编辑了《语丝》《莽原》等一些期刊杂志。

几十年过去了，如今这座简单而又朴实的北京城普通小四合院，已然成为北京鲁迅博物馆的一个重要组成部分，每天迎接着各地慕名而来的访客。每当盛夏之际，院子里的房前屋后，当年鲁迅先生亲手栽下的白丁香和黄刺梅，仍然枝繁叶茂，它们仿佛还沉浸在昔日与故居主人朝夕相处的恬静生活之中。

斯人已去，风物犹存！来到北京城的鲁迅故居，走进去看看一代文学巨人曾经生活、工作过的地方，也就足矣。

门票信息： 20元。

开放时间： 9：00—16：00，每逢周一休息。

交通导航： 乘坐地铁2号线在阜成门站下车。

老舍故居——成就了先生的辉煌

老舍故居地处北京市东城区灯市口西街丰富胡同19号，老舍先生在北京城的居住地方共有十处，这里是先生在北京解放后居住的地方，直至辞世。老舍先生在这里居住的时间最长，人生成就也最辉煌。

可以这么说，老舍先生"生在北京，长在北京，死在北京，他写了一辈子北京，老舍和北京分不开，没有北京，就没有老舍"。

乃兹府丰盛胡同10号（也就是现在的灯市口西街丰富胡同19号）是老舍先生在北京解放之后久居的地方，直至辞世。老舍先生在这里成就了最辉煌的人生。

那是1949年的12月9日，老舍先生应周恩来总理的邀请，从美国回国抵达天津，两天之后到了北京，家人之后也从重庆回到北京一起团聚。1950年4月，老舍先生购置了东城乃兹府丰盛胡同10号的一座普通四合院，就是如今的老舍纪念馆所在地。

老舍纪念馆门口

内部陈设

老舍作品展厅

老舍先生雕像

　　老舍先生对这座小院非常满意，也精心地进行着装点。老舍先生一生喜爱花草，在搬进四合院之后，就在大门靠着街墙的地方种了一棵枣树，在砖影壁的后面，求人移植了一棵太平花。在1954年的春天，老舍先生还托人到西山移来两棵柿子树，亲自种在甬道两边。每到深秋时节，柿子树上就会缀满红柿，别有一番诗情画意。为此，老舍的夫人还给小院起了个雅号——丹柿小院。这里的确非常可爱，是个很有味的家。

　　就在这里，老舍先生生活、工作了整整16年。就在这间书房之中，老舍先生写下了著名话剧《方珍珠》《龙须沟》《茶馆》《西望长安》以及《全家福》等，还有为纪念他的父亲而作的《神拳》等23部著作，此外还有大量的曲艺、散文、诗歌、论文、杂文和后来没有完成的自传体小说《正红旗下》。就在这座四合院中，老舍先生曾经几次接待周恩来总理和末代皇帝溥仪的来访，还接待过巴金、曹禺、赵树理等多位文化名人。

　　然而，1966年风云突变，8月24日早晨，老舍先生向3岁的小孙女郑重告别之后，跨出了"丹柿小院"的家门，永远地离去，再也没有回来。就这样，他那可爱而有趣的家也随即毁灭。又过了大约16年，这所老舍先生的故居，这座"丹柿小院"被确定为"北京市重点文物保护单位"，1996年建成了老舍纪念馆。

　　现在老舍纪念馆所在的"老舍故居"是一座十分普通的老北京四合院，硬山隔檩，纯木结构，整个院落的布局非常紧凑。正门乃是坐西朝东，灰瓦门楼，黑漆油饰的门扇。进门之后首先映入眼帘的是一座砖砌影壁，在正中心贴着一个大红"福"字作装饰。再往里走就是一个不大的小院，只有两间南房，算是门房；往西还有一个狭长的小院，是老舍之子舒乙的住房；往北是一座三合院，这就是老舍先生故居的主体部分。进入里面，首先就会看到一座五彩木影壁，院内的正房是北房三间，左右各带一间耳房。明间和西次间是客厅，东次间是卧室，西耳房就是老舍先生的书房。屋内的书桌正对着东门，只要一转身就可以拿到嵌在墙上书橱里的书籍；先生的书桌是硬木镶大理石的，几件文物整齐地摆放在上面，例如，齐白石为他刻的印章、冯玉祥将军赠他的玉石印泥盒等，还有老舍先生生前用过的眼镜、钢笔、墨水瓶、台灯、收音机等。

　　如今，秋天还会年复一年到来，当年老舍先生种下的那两棵柿子树，长得一年比一年壮实，依旧还会结满红彤彤的甜柿子，只是先生早已看不到了。都说秋风落叶愁煞人，为了什么？或许是为了那些惹人的甜红柿子，为了怀念可敬的大师……

门票信息： 免费，参观需要提前一天以上时间预约。

开放时间： 周二至周日9：00—16：00。

交通导航： 乘坐公交车103路、104路、108路、111路、803路等在灯市西口站下车；或乘坐地铁5号线在灯市口下车。

宋庆龄故居——旧时王府变庭院

推荐星级：★ ★ ★ ★

宋庆龄曾经是中华人民共和国的名誉主席，她的故居，位于北京市西城区后海北沿46号，是一座典型的中国式庭院，清幽至极。

　　宋庆龄故居地处北京市的西城区，这座承载了太多历史和故事的中国式庭院，现在是全国重点文物保护单位，也是中央国家机关思想教育基地以及北京市青少年爱国主义教育基地，同时也是首都文明旅游景区之一。在这里，展现的不仅仅是中国古代建筑艺术，更蕴含着中国近代、现代的悠悠历史。

　　在新中国成立以后，党和政府原本计划为宋庆龄同志在北京专门修建一

宋庆龄故居正门

座住宅，但是宋庆龄女士却一直以国事百废待兴而一再逊谢，最后，只得在周总理的亲自过问之下，才说服了宋庆龄女士，能够借一王府花园，将其葺旧更新，建成宋庆龄女士的住所。宋庆龄女士于1963年迁居到此，在这里工作、学习和生活了将近20年，直至1981年5月29日溘然长逝。

说起宋庆龄故居，可以说是"旧时王府变庭院"。这处住所最初建于清朝康熙年间，当时乃是大学士明珠的府邸花园，在乾隆年间成为和珅的别院，时值嘉庆年间，又成了亲王永瑆的王府花园，后来又是光绪父亲醇亲王奕譞的府邸花园，清朝末年再次成为末代皇帝溥仪的父亲载沣的王府花园，也就是摄政王的王府花园，可谓渊源颇深。在新中国成立前夕，这里已经是荒芜凋敝。之后为了筹建宋庆龄女士在北京的住宅，在1961年的时候对这座王府花园进行了整饬，而且还在原有的建筑上迤西接建了一座两层小楼，变成了一座优雅、安适的中国式庭院。

走进宋庆龄故居，幽静闲适的园内假山叠翠、花木成荫，清澈的湖水曲折环绕，甚是美观。这里既保留了旧时王府花园的布局和风格，又很好地融入了西方别墅的建筑特点，是一处中西合璧的园林建筑。这座故居的主楼建于1962年，是一座中西合璧的两层楼房，外观非常仿古，与故居内部的景致和谐相融。故居之中原有很多古建筑，可以说是前厅"濠梁乐趣"、后厅"畅襟斋"、侧厅"听鹂轩"、东厅"观花室"；超手回廊南接"南楼"，北通东厅，东接王府宅院，回廊中间建有"恩波亭"；南湖对面的假山，看起来错落有致，同时筑有"扇亭"和"听雨屋"；园内有上百年的西府海棠、200年的老石榴桩景和500年之久的凤凰国槐等古树名木，还有宋庆龄女士亲手养护过的西山松、盆栽石榴和龙眼葡萄等各种南北方的名花佳卉。

宋庆龄女士从青年时期追随孙中山先生投身革命，一直走到生命的最后时刻，这70年经历了无数的风风雨雨。故居里面的一切，都很好地再现了这位极不平凡的伟大女性的品德、情操和永不休止的内心追求，也清楚地再现了自从20世纪开始她为之献身的中国革命的重大事件。如今，故居之中长期设有"宋

宋庆龄常在工余时间与工作人员打康乐棋　　　　宋庆龄雕像

庆龄生平展"和"宋庆龄生活原状陈列",向人们展示宋庆龄女士的生活和工作环境。

　　曾经,她为了人民鞠躬尽瘁,后世,她的崇高品德、情操和光辉的业绩一定会在人们心中永恒存在!

门票信息: 20元。

开放时间: 4月1日至10月31日为9:00—17:30;11月1日至次年3月30日为9:00—16:30。

交通导航: 乘坐公交车5路、819路等在果子市站下车。

第 7 章

庙宇中藏的不只是历史

红螺寺——南有普陀 北有红螺

推荐星级：★★★

红螺寺位于北京怀柔区，是历代佛家圣地，素有"京北第一古刹"之称。它北靠红螺山，南临红螺湖，有御竹林、雌雄银杏、紫藤寄松三处胜景点缀其间，山环水绕，林木丰茂，古树参天，构成了一幅"深山藏古寺"的意境。

　　始建于公元378年的红螺寺，原名大名寺，又称护国寺。古寺所在的山下有一"珍珠泉"，相传泉水深处有两颗色彩殷红的大螺蛳，每到夕阳西下螺蛳便吐出红色光焰，故山得名"红螺山"，寺俗称"红螺寺"。

螺仙洞

　　红螺山属燕山余脉，山势巍峨，庄严恢宏，南襟华北平原京北腹地，在历史上就是驰名中外的佛教名山。雄伟的红螺山形成了红螺寺的一道天然屏障，造就了红螺寺一个冬暖夏凉、空气湿润的小气候环境：冬季，寒冷的西北风被红螺山挡住，气候温和，因此，许多极难在北方存活的南方珍花异树，却能在红螺寺落地生根，繁衍生息，茁壮成长。在每年的春夏秋三季，这里始终雨量充沛，潮湿温润，有利于各种植物的生长。独特的地貌、充足的雨量，造就了这里树木丰茂、层林叠翠，古松柏参天蔽日。林中鸟类和多种野生小动物随处可见。登上红螺山，面对一望无际的万顷良田、连绵起伏的秀美山川、波光粼粼的河水湖面、民风淳朴的村落庄园，心情会豁然开朗。

　　千年古寺山水环绕，依山而建，北倚雄伟的红螺山，南照秀美的红螺湖，寺庙周边林壑荫蔽，古树参天，藏风聚气，为一方风水宝地。"红螺三绝景"——御竹林、雌雄银杏、紫藤寄松远近闻名，百万杆翠竹与千亩古松林环拥着整个寺院，形成了一幅"碧波藏古刹"的优美画卷。山川灵气，造就了这里"独占地理风水之妙，独具自然环境之美"的佛家苑林景观。古寺占地百亩，分5处庭院，房244间。中院以山门、天王殿、大雄宝殿、三圣殿为轴心，设有千手观音殿、伽蓝殿、际醒祖师殿、印光祖师殿和诵经房数间；东院为接待处；西院为方丈退居寮和十方堂；东下坎北为老僧退居寮和延筹堂，南为习功场；西上坎为螺蛳塔和骨灰堂。

　　红螺寺山门前有一片竹林，为元代云山禅师所栽植，距今已有600多年的历史。据《怀柔县志》记载：清康熙三十二年（1694年）圣驾红螺寺降香，看到这片翠绿的竹林倍感新奇，即令身边的官员清点竹子，数量为613株，临走前叮嘱寺内的僧人和当地的官员要对竹林善加保护，以便他常来观赏。后来人们就称这片竹林为"御竹林"。在竹林西北角还有一个照原样恢复的"观竹亭"，当年清康熙帝就曾在原亭内设御座赏竹。红螺寺竹林四季常青，长势茂盛，有竹约百万株，被称为"红螺三绝景"之一。

　　我国竹的种类繁多，约250种，红螺寺的竹子为黄槽京竹，俗称玉镶金（竹子整体为绿色，沟槽为黄色，称玉镶金，反之称金镶玉）。竹是禾木科多年生植物，中空有节常绿，古人将竹子人格化比喻为"君子"，正所谓"未曾出土先有节，即使凌云也虚心"。 苏东坡诗云："宁可食无肉，不可居无竹；无肉使人瘦，无竹使人俗。"

红螺池

弥勒大佛

　　大雄宝殿前有两棵古银杏树，东边的雌树清秀矮小些，西边的雄树高大粗壮。这棵雄银杏树的树龄在1100年以上，树高30多米，围度有7米之多，虽逾千年但生机不减。每年春天雄树开满淡黄色的小花，秋天不见果实，而雌树每年春天不见花开秋天却果实累累，人们觉得它们像天作一双、珠联璧合的夫妻，所以也称它们为夫妻树。有句俗语说"独木难成林"，但红螺寺中的雄银杏树却有"独木成林"之势，因为它从根部长出了10条笔直向上发展的枝干。而且这10条枝干又有一个非常神奇的传说。当地人相传，每换一个朝代，这棵雄银杏树就从根部长出一条新的枝干，现在是10条枝干和一个主干。这两棵银杏树春天是古树吐新芽，夏天则枝繁叶茂、绿树成荫，到了秋天，金黄色银杏叶把大雄宝殿衬托得辉煌壮观，惹人驻足留连。银杏树是孑遗植物，为我国特有的植物活化石，是世界上最古老的一个树种，具有很高的研究和欣赏价值，所以这里的雌雄银杏被称为"红螺寺三绝景"之一。

在大雄宝殿后三圣殿前的院落西侧，是"红螺寺三绝景"之一的紫藤寄松。这景由一棵平顶松和两口藤萝构成，平顶松高约6米，枝分九杈，把它有力的臂膀平行地伸向了四面八方；两棵碗口粗的藤萝如龙盘玉柱一样爬满了整个枝头，为这棵松树增添了妩媚之感。而且松藤并茂形成了一把天然巨伞，遮阴面积近300平方米。每年5月初，满架的藤萝花就象一串串紫玛瑙坠满整个枝头，如一片紫色的祥云浮在殿宇之间，浓郁的花香飘满整个寺院。古时候每年花季，本寺的住持就会邀请京城附近寺院的住持长老、名人雅士来红螺寺，坐在树下赏花论道。元代《红螺山大明寺碑》中就记载"微风夜听金锒铛，诸天卫法藤萝旁"，此景至少已有800多年的历史。俗话说"藤缠松，松难生"，而红螺寺中的松藤却和睦相处了800多年，藤不离松，松不辞藤，相亲如初，所以它被称为"红螺寺三绝景"之一。

红螺寺景区现已形成了红螺寺、观音寺、五百罗汉园三个佛教文化区和红螺山、青龙山两个自然观景区"一日游"的观光格局，构成了"春看花、夏避暑、秋观叶、冬赏岁寒三友"的观光特色。游人在这里既可以走进古刹，瞻仰庄严佛仪，焚香顶礼，参悟自身心性，祛除诸多烦恼获得平静的愉悦，也可以漫步林间小憩松下或登高望远临风高歌，尽情领略感悟休闲的乐趣。

门票信息： 54元。

开放时间： 夏季：8：00—18：00；冬季：8：00—17：00。

交通导航： 公交：北京东直门乘坐916路公交车到怀柔区城内，再转乘出租车（10元）到达红螺寺。每年的4月中旬至5月中旬的双休日及国家法定假日，在北京宣武门教堂前乘坐游6路或游16路旅游专线车可直达红螺寺景区。自驾车：在北京上三元桥走机场高速，在北皋收费站下高速，走京密路在怀柔立交桥下桥到怀柔城区，沿青春路环岛往北直行即可（约10分钟）到达红螺寺景区。

潭柘寺——比北京城还老

"先有潭柘寺、后有北京城"，这座始建于西晋时期的寺庙有近1 700年的历史，它是北京市最老的古寺。早在清代，"潭柘十景"和"潭柘八宝"就已经名扬京华。

在北京素有"先有潭柘寺，后有北京城"的民谚，因为潭柘寺始建于西晋时期，远早于今天的北京古城，距今已有近1 700年的历史。

潭柘寺内

潭柘寺门口

　　寺院初名"嘉福寺"，唐代改称"龙泉寺"，金代御赐寺名为"大万寿寺"，在明代又先后恢复了"龙泉寺"和"嘉福寺"的旧称。清代康熙皇帝赐其名为"岫云寺"，但因寺后有龙潭，山上有柘树，故民间一直称为"潭柘寺"。1997年，经北京市政府批准，僧团进驻，潭柘寺恢复了宗教活动。寺院坐北朝南，背倚宝珠峰，周围有九座高大的山峰呈马蹄形环护。从东边数起依次为回龙峰、虎踞峰、捧日峰、紫翠峰、集云峰、璎珞峰、架月峰、象王峰和莲花峰，宛如九条巨龙拱卫着中间的宝珠峰，规模宏大的潭柘寺就建在宝珠峰的南麓。高大的山峰挡住了从西北方袭来的寒流，使潭柘寺所在之处形成了一个温暖、湿润的小气候。

　　潭柘寺在鼎盛时期的清代有房999间半，俨然故宫的缩影，据说明朝初期修建紫禁城时，就是仿照潭柘寺而建的。潭柘寺现有房舍943间，其中古建殿堂

帝王树

638间，建筑保持着明清时期的风貌，是北京郊区最大的一处寺庙古建筑群。整个建筑群充分体现了中国古建筑的美学原则，以一条中轴线纵贯当中，左右两侧基本对称，使整个建筑群显得规矩、严整、主次分明、层次清晰。寺外有上下塔院、东西观音洞、安乐延寿堂、龙潭等众多的建筑。这里文物古迹众多，其中画祖、自油柱（1692年失火焚毁）、魔佛肉身像、石鱼、大铜锅、百事如意树、帝王树、金玉良缘竹被称为潭拓寺八宝，这都是难得一见的文物珍品。

潭柘寺不但人文景观丰富，自然景观也十分优美，春夏秋冬各有美景，晨午晚夜情趣各异。早在清代，"潭柘十景"就已经名扬京华。这十景便是万壑堆云、殿阁南薰、御亭流杯、雄峰捧日、锦屏雪浪、飞泉夜雨、平原红叶、九龙戏珠、千峰拱翠、层峦架月。如此自然与人文完美结合，正如前中国佛教协会会长赵朴初先生所说的："气摄太行半，地辟幽州先。"令人心生向往。

门票信息： 55元。

开放时间： 夏季：8：00—17：00；冬季：8：00—16：30。

交通导航： 公交：地铁苹果园站D口出站，换乘931路直达；自驾车：走二环至西便门桥、走三环至莲花桥、走四环至南沙窝桥、走五环至衙门口桥，向西进入莲石路，向西直行，进入石门营环岛，在环岛第3个出口直行进入G108国道，沿G108国道行驶12.5千米，朝王平方向，直行进入潭柘寺环岛，沿环岛行驶70米，在第1个出口左前方转弯进入潭王路，沿潭王路行驶2.7千米，到达终点。

八大处——深藏不露"第九处"

推荐星级：★ ★ ★

八大处地处北京西山余脉，被翠微、平坡、卢师三山环绕，因保存完好的八座古刹而得名，景区内自然风景绮丽动人，古迹众多。

　　八大处公园位于北京市西郊西山风景区南麓，因公园内有八座古寺(长安寺、三山庵、灵光寺、龙泉庙、香界寺、大悲寺、宝珠洞、证果寺)而得名。这八座古刹最早建于隋末唐初，历经宋、元、明、清历代修建而成。其中灵光、长安、大悲、香界、证果五寺均为皇帝敕建。灵光寺辽招仙塔中曾供奉释迦牟尼佛牙舍利，1900年毁于八国联军炮火，新中国成立后经周恩来总理批准新建佛牙舍利塔。

佛牙舍利大殿

殿内佛像

佛牙舍利塔

　　公园由西山余脉翠微山、平坡山、卢师山所环抱，三山形似座椅，八座古刹星罗棋布在三山之中。自然天成的"十二景观"更是闻名遐迩，古人赞曰："三山如华屋，八刹如屋中古董，十二景则如屋外花园。"又有人说："香山之美在于人工，八大处之美在于天然，其天然之美又有过于西山诸胜。"

　　这里冬季山暖风和，夏季凉爽宜人，土质肥沃，植被丰富。其中乔木就有80余种、40余万株，名贵古树18种、590株。长安寺的白皮松、灵光寺的七叶树、大悲寺的银杏树、证果寺的黄连木等树龄都在600年以上，仍树状丰满，树形奇美。黄栌、火炬、元宝枫等红叶树近14万株，秋霜过后，层林尽染，满山流丹。

灵光寺因供奉世间罕存的释迦牟尼灵牙舍利而驰名海内外，近年来灵光寺内先后修建的《般若菠萝蜜多》心经墙、500罗汉浮雕，与佛牙舍利形成了佛法僧一体的圆满。八座古刹中最古老寺庙是证果寺，建于隋末唐初，历经宋、元、明、清历代修建而成；最大的寺庙是康熙、乾隆的帝王行宫香界寺。八大处公园虽以八座古刹而得名，但在2000年发现的明代摩崖石刻，则以八大处第九处景观轰动京城，吸引着石刻爱好者和众多的佛教信徒。

八大处公园有许多娱乐项目，先是水体景区"映翠湖"的建成，接着又是克来明架空缆车、富斯特高山滑道通车；之后，纯大木做法的古建牌楼和山门相继落成；近年来公园又新建了冲天太空舱、中华精印谷景区等。经过30多年改革发展，八大处已今非昔比，成为北京市著名的休闲娱乐的绝佳去处。

门票信息： 40元。

开放时间： 全年开放。

交通导航： 公交：乘坐347路、389路、598路、598区间、972路、958路终点站即到。自驾车：西五环路八大处出口下，沿八大处路约2千米即到。

云居寺——千年佛经搬不走

云居寺是佛教经籍荟萃之地，始建于隋末唐初，至今已有1 000多年历史。寺内珍藏着石经、纸经、木版经，号称"三绝"

　　云居寺位于北京市房山区大石窝镇的白带山下，距北京市区约70千米。这里三面环山、一水分流，坐西向东，沿袭了晋朝崇奉太阳的习俗。寺院有五大院落六进殿宇，东接上方山，西俯拒马河，占地7万多平方米。寺的两侧有配殿和帝王行宫、僧房，并有南北两塔对峙，历史悠久，饱经沧桑。主要景观有石经地宫、舌血真经馆、龙藏木经馆、铝经馆、佛舍利馆、唐辽古塔群。

云居寺正门

大悲殿

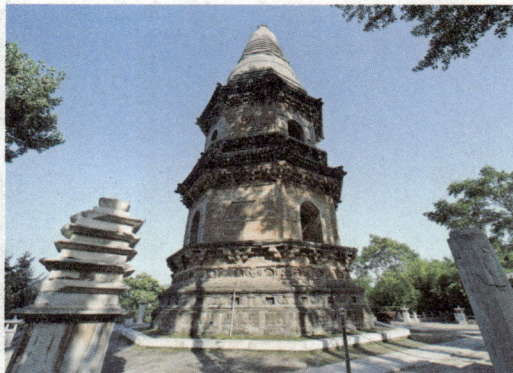

北塔

　　寺庙始建于隋末唐初，初名"智泉寺"，在《帝京景物略》中记载："寺在云表，仅通鸟道……山腰常有白云萦绕……"后改称"云居寺"。寺庙占地面积7万平方米，经过历代修葺，形成五大院落六进殿宇，形制宏伟。寺庙曾毁于日军炮火中，后经过修复重现昔日庄严。

　　正是这座历史悠久的寺庙，保留了数量众多的唐辽时期的石、砖塔和距云居寺1千米的石经山雷音洞中出土的佛祖肉身舍利。景区内除了八进主殿外还开设了"三经展陈"、文物收藏、佛教文化等12大专题展览。其中，尤以1 122部、3 572卷、14 278块石刻佛教《大藏经》著称于世，其历史之久，工程之大，刊刻之宏伟，被誉为"佛教圣地，石经长城"。

　　房山石经是我国的石经宝库，也是世界的宝贵文化遗产，由一代高僧静琬大师开创。他鉴于历史上的灭佛运动，又受北齐摩崖刻经影响，开创了碑版刻经事业，历时6个朝代，绵延1 039年，十几代弟子师徒接踵、代代相传，完成了继万里长城、京杭大运河之后的又一项伟大而瑰丽的工程。其对研究佛教、金石书法、政治历史、社会经济、文化艺术等各方面都是极为丰富的历史资料，有着十分重要的学术价值。

　　石经山在云居寺东1千米处，俗称小西天，海拔450米。这里不仅是房山石经刊刻起源之处，也是佛祖舍利出土之处，4 196块隋唐石经为国之重宝，以雷音洞、金仙公主塔为代表的众多历史遗迹，具有极高的价值。

　　除了佛教三绝与千年古塔，寺内还珍藏着世人瞩目的佛祖舍利。1981年11月27日在雷音洞发掘出赤色肉身舍利两颗，这是世界上唯一珍藏在洞窟内而不是供奉在塔内的舍利，与北京八大处的佛牙、陕西西安法门寺的佛指，并称为"海内三宝"。

　　四月初八是佛祖释迦牟尼的诞辰，每年云居寺都会举行盛大的"浴佛节"庙会，吸引大量游客和信众来此朝拜。这样的庙会已有千余年的历史。

门票信息：云居寺40元，观瞻佛舍利10元，石经山15元，索道30元（来回。冬天索道停运）。

开放时间：夏季08：30—17：00；冬季8：30—16：30。

交通导航：乘坐917路公交车十渡支线至云居寺路口下车即到。

戒台寺——天下第一坛

戒台寺又称戒坛寺，位于门头沟区的马鞍山麓，距北京城35千米，西靠极乐峰，南倚六国岭，北对石龙山，东眺北京城。素以"戒坛、奇松、古洞"而著称于世。

　　戒台寺位于北京门头沟西南的马鞍山麓，距北京市区35千米。它始建于隋代开皇年间（581—600年），至今已有1 400多年的历史，是智周长老带领众僧建造的，原名慧聚寺。历史上的戒台寺在中国佛教中占有重要地位，历代朝廷都非常重视，特别是从明朝以后，开坛受戒必须要持有皇帝的敕谕。明英宗赐名"万寿禅寺"，民间通称"戒坛寺"，俗称"戒台寺"。戒台寺的戒坛与福建泉州开元寺、浙江杭州昭庆寺的戒坛共称为"全国三大戒坛"，而北京戒台寺的戒坛规模又居三座戒坛之首，故有"天下第一坛"之称。

　　这里碑石林立，殿宇巍峨。寺内有石碑近70块，记载了戒台寺的历史。进山门后，可以看到山门殿、大雄宝殿、千佛阁、天王殿、财神殿、观音殿，西北院内正中为戒台大殿，周围有五百罗汉堂，前边是明王殿。戒台大殿是寺内最为主要的建筑，大殿正门上方高悬漆金大匾，为袁世凯手书。殿内的113尊戒神为泥塑金身，神形各异，有的威武雄壮，有的面目狰狞，有的顶盔贯甲，有的仙风道骨，一个个栩栩如生、生动传神。

　　不仅如此，戒台寺中还有许多古树，仅国家级古树就达88棵，其中最著名的当属十大名松，即九龙、抱塔、卧龙、自在、活动、龙、凤、凤尾、莲花、菊花松。这些古松经过千百年风霜雪雨的磨砺，形态各异，造型奇特，每当微风徐来，松涛阵阵，形成了戒台寺特有的"戒台松涛"景观。明清时期，"十大奇松"就已经闻名天下。此外，戒台寺还有清高宗皇帝弘历御赐的古丁香20棵，每至初夏，异香扑鼻。

戒台寺山门

　　戒台寺最美的地方当属牡丹院，院内幽雅清静，建筑风格别具特色。它将北京传统的四合院与江南园林艺术进行了一种巧妙的融合。自清代以来，这里以种植丁香、牡丹闻名，尤其黑牡丹等稀有品种，更是锦上添花。晚清重臣恭亲王奕䜣曾在此居住了10年，现代艺术家谭鑫培、梅兰芳也是此间常客。

抱塔松

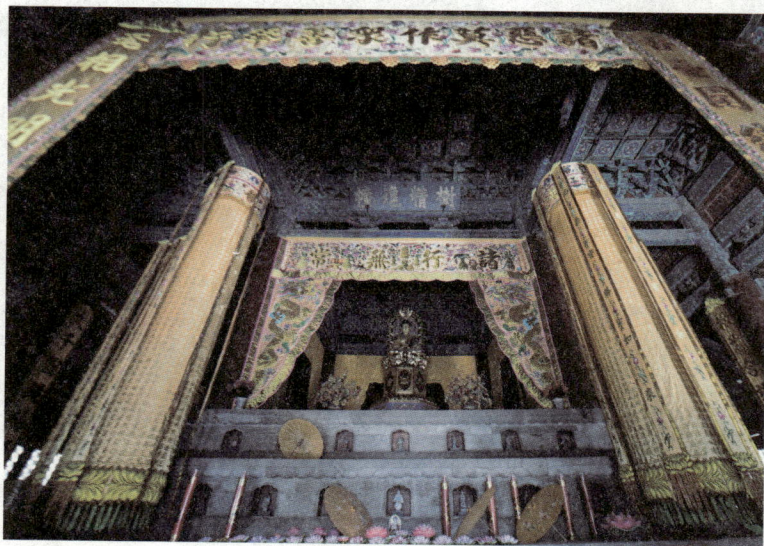

戒台寺佛像

门票信息： 45元。

开放时间： 夏季8：00—17：30；冬季8：00—17：00。

交通导航： 公交：乘坐地铁1号线苹果园站下车，从D出口出来，沿马路向右手边方向步行约200米，便到达公交车站。乘坐931路公共汽车，至戒台寺站下车即可。自驾车：市中心出发西行至莲石路，到达门头沟区石门营环岛左转，上108国道，至苛萝屯村过后进入盘山路，一路有路牌指引，约行5千米便可看到戒台寺景区指示牌，左转行驶约700米便到达戒台寺景区。

法源寺——唐时名刹传千年

法源寺位于北京宣武门外教子胡同南端东侧，不仅是北京城内现存历史最悠久的古刹，也是中国佛学院、中国佛教图书文物馆所在地。寺内花木幽雅，素以丁香、海棠闻名，令许多名人流连吟咏。

　　法源寺位于北京宣武区教子胡同南端的法源寺前街，是京城历史悠久的佛教寺院之一。它始建于唐贞观十九年（645年），原名悯忠寺。明清时期重修，雍正帝赐名为法源寺，定为律宗寺庙，是专司传戒授法的皇家古刹。民国时期，法源寺是北京城内最大的停灵寺院之一，曾被军队占用过。1949年后，又经多次修葺。

法源寺大门

　　1956年中国佛教协会在法源寺设立了中国佛学院。1963年亚洲11个国家和地区的佛教会议在这里召开，使这里成为国际佛教交流的重要场所。而在"文革"期间，法源寺遭到严重破坏。房上的屋脊六兽、地面的唐宋古碑、殿内的佛像雕塑、殿外的丁香绿竹等全部被毁，由外国僧侣贡献的用金、用血手抄贝叶经叶全部被烧毁。1979年中国佛教协会成立中国佛教图书文物馆，对寺庙文物建筑进行修复，使其成为我国珍藏佛经最多、版本最珍贵的寺庙之一。2001年法源寺被定为全国重点文物保护单位。

　　如今保存修复的法源寺坐北朝南，形制严整宏伟，六院七进。法源寺主要建筑有天王殿，内供弥勒菩萨化身的布袋和尚，两侧为四大天王。大雄宝殿上有乾隆御书"法海真源"匾额，内供释迦牟尼佛及文殊、普贤，两侧分列十八罗汉。观音阁，又称悯忠阁，其中陈列法源寺历史文物。净业堂内供明代五方佛。大悲坛，现辟为历代佛经版本展室，陈列自唐以来各代藏经及多种文字经卷，蔚为大观。藏经楼，现为历代佛造像展室，陈列自东汉至明清历代佛造像

寺内鼓楼

法源寺内一角

精品数十尊，各具神韵，尤其是明代木雕佛涅盘像，长约10米，是北京最大卧佛。法源寺历经火灾、地震及战乱破坏，多次重修但寺址未变。

　　寺内花木繁多，初以海棠闻名，今以丁香著称。全寺丁香千百成林，花开时节，香飘数里，为京城绝景。

门票信息：5元。

开放时间：全天开放。

交通导航：乘坐6路、53路、109路在菜市口站下车。

卧佛寺——大佛憩于此

卧佛寺又叫"十方普觉寺"，位于西山北的寿牛山南麓、香山东侧，距市区30千米。卧佛寺始建于唐贞观年间，因寺内有一尊巨大的释迦牟尼涅磐铜像而得名。

　　据说玄奘法师从印度带着大量经书和佛像回到长安城，唐太宗李世民率领数万僧众出城迎接，盛况空前。此后，中国掀起修建寺院的高潮，期间有人在今天的北京西郊修建了一座寺院，取名"兜率寺"，这座寺院就是卧佛寺的前身。以后历代有废有建，其中在元时期，寺内铸造了一尊巨大的释迦牟尼涅磐铜像，因此，一般人都把这座寺院叫作"卧佛寺"。

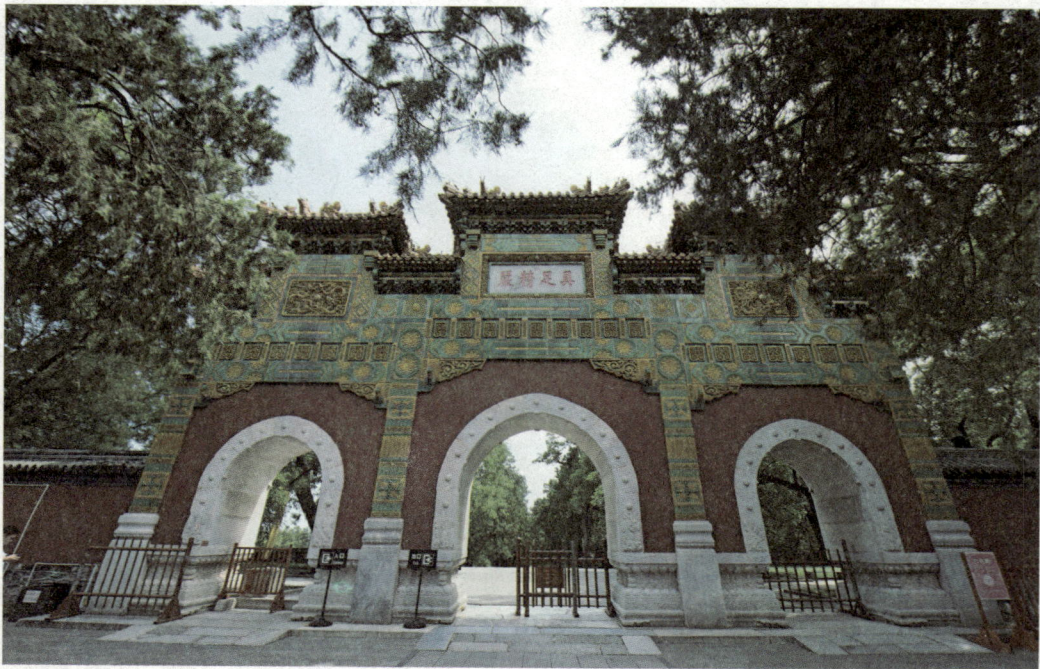

雄伟的牌楼

　　这尊卧佛身长5.2米，用铜25 000千克、铸佛用工7 000人。铜佛作睡卧式，头西面南侧身躺在一座榻上，左手平放在腿上，右手弯曲托着头部。据说这是释迦牟尼的纪念像。旁边站着12尊小佛像，是他的12个弟子。他们的面部表情沉重悲哀，构成一幅释迦牟尼向12弟子嘱咐后事的景象。殿的正面墙上挂一块"得大自在"的横匾，意思是得到人生真义也就得到最大自由。殿门上方亦有横匾，书有"性月恒明"，意为佛性如月亮，明亮光辉永照。

　　卧佛寺有五大景观，即半月池、古蜡梅、古银杏、十八罗汉和卧佛。此外，寺内还有一独特的宝物，那就是三世佛殿前的两株娑罗树。以前曾有一说法，到这里就是游卧佛寺、看娑罗树，可见娑罗树之特殊。此处娑罗树相传是建寺时所植，有人说来自西域，也有人说由印度移来。娑罗树不断长大，不同志书上各有记述，明代时"可数围""大三围"，清代时"大数十围"。娑罗树只在南方几个城市生长，而北方，卧佛寺娑罗树枝干参天，长得这样好，实属少见。每逢春末夏初之际，白花盛开，花朵如同无数座洁白的小玉塔倒悬枝叶之间，别有情致。

门票信息：5元。

开放时间：8：00—16：30。

交通导航：乘运通112线 、331路 、505路、563路、696路、962路在卧佛寺站下车。

白云观——道教全真第一丛林

白云观是道教全真道派十方大丛林制宫观之一，为北京最大的道观建筑。其建筑规模宏大，布局紧凑，殿宇宏丽，殿内全用道教图案装饰，传播了道教文化和传统习俗。

　　白云观位于北京市西城区复兴门外白云路东侧，是全真三大道教祖庭之一。道教，中国固有的宗教，奉老子为教主，认为道无所不包、无所不在，"道德经"是其主要经典，创始人为东汉的张道陵。白云观始建于唐开元二十七年（739年），清康熙四十五年（1706年）、五十三年（1714年）、光绪十二年（1886年）多次重修。现存建筑多为明清遗构。

　　白云观是明代以来道教全真教派的第一丛林，其设计吸收了中国传统建筑中其他宗教建筑的手法，具有较高的历史与艺术价值。全部建筑分为东、中、西三路，后面有花园。主要建筑都集中在中路，依次为牌楼、山门、灵官殿、

白云观的牌楼"洞天胜境"

窝风桥

邱祖殿

灵官殿

玉皇殿、老律堂（七真殿）、邱祖殿、四御殿、戒台与云集山房等，大大小小共有50多座殿堂，占地约2万平方米。它吸取南北宫观、园林特点建成，殿宇宏丽，景色幽雅，殿内全用道教图案装饰。其中四御殿为二层建筑，上层名三清阁，内藏明正统年间刊刻的《道藏》一部。邱祖殿为主要殿堂，内有邱处机的泥塑像，塑像下埋葬他的遗骨。东路有南极殿、真武殿、火神殿、罗公塔等，现改为观内生活区。西路有祠堂、元君殿、文昌殿等。后花园内有亭台、游廊，是极负盛名的道观园林。

古老的白云观，如今已成为首都北京的一大名胜，以其独特的魅力吸引着海内外众香客游人。这里每年举办春节民俗庙会时，更是游人如织，热闹非凡。

门票信息：10元。

开放时间：8：30—16：30。

交通导航：乘坐26路、80路、319路、695路、717路、特5路、特6路白云观下车，向东走150米左右即到；乘坐19路、42路、46路、49路、661路、662路、691路、823路天宁寺桥北下车，向北走250米左右即到。

牛街礼拜寺——古都第一清真寺

牛街礼拜寺初建于明，是回族伊斯兰建筑，主要由寺门、望月楼、礼拜楼、邦克楼、碑亭及沐浴室等构成，面积虽不大，但布局紧凑，殿堂结构富有变化，雕饰华美，与佛教寺庙相比，别有一番风格。

北京西城区有一条回族聚居的街道，名叫牛街。牛街礼拜寺就建在街的中段东侧，是北京城区规模最大，历史最久的一座清真寺。

据《北京牛街冈儿上礼拜寺志》和《古教西来历代建寺源流碑文总序略》记载，牛街礼拜寺创建于辽统和十四年（996年），元初扩建，明成化十年（1474年）赐名"礼拜寺"。清康熙三十五年（1696年）修缮后，在寺门前悬挂匾额"敕赐礼拜寺"，主要建筑有宣礼楼、望月楼、礼拜大殿、南北碑亭、大影壁等。

这座占地约6 000平方米的牛街礼拜寺，给人以规模宏伟、肃穆幽深的感觉，为我国古建筑之精品。寺院平面采用中轴线布局，寺门朝西，门前有砖石照壁，是中国古典殿宇建筑与阿拉伯装饰艺术的完美结合。礼拜殿可同时容纳1 000多人做礼拜。大殿有五楹、三进、七殿共42间，面积为600多平方米。殿内由18根主柱绘金色牡丹缠蔓花饰组成21个拱门，拱门仿阿拉伯式尖弧形落地。拱门旁有堆粉贴金的《古兰经》经文和赞主（安拉）、赞圣（默罕默德）的阿拉伯赞词。殿内为红地，沥粉贴金细致精巧。殿外有一座"宣礼楼"，又称"邦克楼"，是为了呼唤周围穆斯林来寺做礼拜而建。南讲堂东有两座元代筛海墓，墓丘砖造，近代重修。"筛海"是阿拉伯语的音译，是对年高有德的宗教学者的尊称。墓中埋葬着两位来中国布道的阿拉伯长老。碑文为阿拉伯文，字迹清晰、保存完好，是珍贵文物。

　　每年的开斋节是伊斯兰教的传统节日。这一天，穆斯林都要到牛街礼拜寺"会礼"，礼拜结束后，人们互致"开斋节"好，互赠油香，一派节日景象。

牛街礼拜寺

门票信息： 免费。

开放时间： 8：00—17：00。

交通导航： 乘6路、10路、61路、109路公交车至牛街站下车即到。

白塔寺——我国现存最早的藏式佛塔

白塔寺原名妙应寺，因寺院以白塔为中心修建，故俗称白塔寺。寺内的白塔是中国现存年代最早、规模最大的藏式佛塔，同时是元大都保留至今的重要标志。

白塔寺原称妙应寺，因寺内有一座白色古塔而得名。它坐落于北京阜成门内大街，是元大都保留下来的重要建筑之一，也是中尼两国人民友谊和文化交往的历史见证。1991年3月4日，国务院公布"妙应寺白塔"为全国第一批重点文物保护单位。

白塔寺内最引人注目的就是建于元代的藏式白塔，它是中国现存最早最大的藏式佛塔。乾隆皇帝曾命人在塔刹内放置一批镇塔之物，均为佛教的稀世之宝。其刹顶造型亦为中国目前所独有。

妙应寺白塔始建于元朝至元八年（1271年），为元世祖忽必烈亲自勘察选址，由尼泊尔工艺家阿尼哥设计建造。塔体砖石结构，高50.9米，由塔座、塔身和塔刹组成。塔座为三层须弥座式；塔身为覆钵式；塔刹由硕大的下大上小

白塔寺内

修缮中的白塔

13重相轮，托起一个直径为9.7米的巨大铜制华盖，其周边垂挂着36片带有佛字和佛像的华盖，下面各系一个风铎；刹顶为铜制鎏金小型佛塔。

白塔于元至元十六年（1279年）竣工后，"帝制四方，各射一箭，以为界至"，以塔为中心修建了一座占地16万平方米的规模宏大的寺院，赐名"大圣寿万安寺"。元至正二十八年（1368年）寺院遭雷火焚烧，唯白塔尚存。明朝天顺元年（1457年）重建寺院，占地仅1.3万平方米，改名为"妙应寺"，俗称"白塔寺"。

白塔寺不像很多佛塔处在远郊，周边的环境很静谧，它处在很多四合院和胡同里，矗立于民居间的白塔又多了几分亲近感。寺院主要由山门、钟鼓楼、天王殿、大觉宝殿、七佛宝殿、塔院以及两侧的配殿、厢房、方丈院、藏经阁等组成；塔院用红墙围成，塔在院中央偏北，四角各有一亭，塔前有一座"三世佛殿"，欢迎您的到来。

门票信息：20元。

开放时间：9：00—16：00。

交通导航：乘13路、42路、101路、102路、103路、409路、603路、709路、812路、814路、823路、846路、850路公交车至白塔寺站下车即到。

护国寺—— 拥有700年悠久历史的古刹

护国寺为北京名刹，始建于元代，位于护国寺街，经历了数百年历史变迁，如今已没有了香火，唯金刚殿尚存。

护国寺创建于元至元二十一年（1284年），本为元朝丞相托克托的故宅，初名崇国寺，寺前有一条街道，在明代称作崇国寺街。明宣德四年（1430年）将其改名为大隆善寺，明成化八年(1472)赐名大隆善护国寺。寺前之街道清代称护国寺街。

清康熙六十一年（1722）蒙古王公贝勒修缮此寺，为圣祖祝厘，名护国寺，又称西寺，与东寺隆福寺相呼应。

护国寺的中轴线及其东西跨院，南北长约500米，东西宽约100米，占地约50 000平方米。中路原有殿宇九进：一进为山门，二进为金刚殿，三进为天王殿，四进为延寿殿，五进为崇寿殿，六进为千佛殿，七进为双舍利塔院，八进为功课殿，九进为菩萨殿。另外还有钟鼓楼和东西配殿。早年，护国寺内还有17通古碑，其中元代碑5通、明代碑7通、清代碑5通。元至元二十一年（1284年）立有圣旨碑，元皇庆元年（1312年）立有赵孟頫撰并书的《崇教大师演公碑》。东碑亭内立有明成化八年立的《大隆善护国寺碑记》，西碑亭内有康熙六十一年立的御制碑。这些古碑铭刻着护国寺的历史变迁。

清末护国寺被焚毁，仅存金刚殿、菩萨殿和功课殿等建筑。金刚殿现存较好，为护国寺的第二进殿宇，面阔五间，歇山单檐，黑琉璃瓦绿剪边，三踩单昂斗拱，明间及两次间为穿堂门。现由北京市佛教协会管理使用。

护国寺街标志

护国寺小吃

　　2004年6月20日，护国寺菩萨殿遇火被毁。该殿为清康熙六十一年重修，其梁柱粗大，多为红松制成，着火前其油漆彩画多已脱落，但主体结构尚很完好。一场大火，即化为灰烬。此后组织重修，力争恢复其历史本来面貌。

　　以前护国寺每月逢农历初七、初八有庙会，为北京著名庙会之一。庙会期间"凡珠玉、绫罗、衣服、饮食、古玩、字画、花鸟、鱼虫以及寻常日用之物，星卜杂技之流，无所不能"（《燕京岁时记》）。其时城乡游人蜂至，连在定阜大街一带亲王府邸居住的贵族妇女也常来光顾。

护国寺街是因该街上有护国寺而得名，是什刹海地区的著名古街之一。东西走向，东起德胜门内大街，西至新街口南大街，全长593米，街面上车行道宽6米。街道两旁有护国寺东巷、护国寺大院、护仓胡同、藕芽胡同、护国寺西巷、棉花胡同等。护国寺后方还有新太平胡同（原称塔院）、小杨家胡同（原称小羊圈）、百花深处等。

护国寺街因为位于皇城脚下的缘故，城市规划不许建设高层建筑。因此，这条街上的商店，如合义斋饭馆、护国寺服装店、护国寺花店、护国寺小吃店、护国寺饭馆、护国寺理发店等都是传统的一层建筑，民居也多是一层的青砖灰瓦建筑。即便是新中国成立后新建的人民剧场、护国寺电影院、护国寺中医医院、护国寺宾馆等也都是低层楼宇，而不是高层建筑。在北京这样的古都风貌保护较好的街道为数不多。古人云："酒香不怕巷子深。"护国寺小吃店、合义斋饭馆是北京著名的老字号，老北京人在游览护国寺之余，大多要到这里品尝地道的北京风味。

门票信息： 免费。

开放时间： 全天开放。

交通导航： 乘坐104路到灯市西口，换111路无轨电车到平安里路口北下车即到。

历代帝王庙——皇家公祭之地

推荐星级：★ ★ ★

历代帝王庙始建于明代嘉靖九年（1530年），是我国现存唯一的祭祀中华三皇五帝、历代帝王和文臣武将的明清皇家庙宇。其政治地位与太庙和孔庙相齐，合称为明清北京三大皇家庙宇。它以建筑规模宏大、保存完整成为中国古建筑宝库中的精品。

　　在中华历史长河中，形成了从三皇五帝到历代帝王一脉相传的人物系列，后世对他们的祭祀是我国古代礼制的组成部分。

历代帝王庙大门

　　早在先秦时期,《礼记·祭法》中就记载了凡"法施于民""以死勤事""以劳定国""能御大灾""能捍大患"者,都应祭祀,认为伏羲、炎帝、黄帝、尧、舜、禹、汤、周文王、武王等,都是这些人物的重要代表。

　　祭祀属于礼的范畴,是吉礼的一种,故尤为人们所重。我国古代的祭祀,可谓形形色色,繁文缛节。皇天后土、社神稷神、五岳五镇、江河湖海、日月星辰、风雨云雷、龙兽蚕虫、花仙药王、门户灶井、车马仓囤、帝王功臣、先哲贤良、列祖列宗等,无不为之设坛立台、建祠修庙,定期定点地进行隆重的祭祀。"祀者,所以昭孝事祖,通神明也",目的在于"神降之嘉生,民以物序,灾祸不至,所示不匮。"

　　位于西城区阜成门内大街131号的历代帝王庙就是这样一座祭祀用的庙宇。它始建于明代嘉靖九年(1530),俗称帝王庙,是明、清两朝祭祀三皇五帝、历代各民族杰出帝王和功臣名将的皇家庙宇,在全国都是唯一的。随着历史的延续,庙中入祀人物不断增多,至清乾隆时期,景德崇圣殿内供奉三皇五帝和历代开国帝王、守业帝王188人牌位,东西配殿供奉文臣武将79人牌位。清代乾隆时期在庙中又建关帝庙,单独供奉关羽。在一庙之中群体祭祀人物数量全国第一。其祭祀体系汇集中国历代领袖人物,展现出中华民族五千年文明一脉相承的重大历史特点。中华民国时期,历代帝王庙改作他用,曾先后为北平幼稚女子师范学校、北平市立第三女子中学,新中国成立后为北京第三女子中学,1972年为北京第159中学所占用。2000年各级政府拨款历时3年修缮, 2004年4月正式对社会开放。

　　历代帝王庙占地21 500平方米,古建面积6 000平方米,整个建筑群坐北朝南,以中轴线形成纵深排列,由南向北依次为影壁、庙门、景德门、景德崇圣殿、祭器库,中轴线两侧分列东、西配殿、碑亭、燎炉、钟楼,东南侧有钟楼、神厨、神库、宰牲亭、井亭,西南侧有乐舞执事房、典守房、斋宿房以及"庙中庙"的关帝庙。其整体布局气势恢宏,为中国古代建筑之精品。专家称它为"清代的服饰,明代的骨架"。

　　其中主殿景德崇圣殿内的陈设，按照乾隆时期原状复原。伏羲、炎帝、黄帝的三皇神位和少昊、颛顼、帝喾、唐尧、虞舜五帝神位居大殿中心显要位置，历代帝王神位分列左右，再现了庄严肃穆的祭祀场景，供观众参观拜谒。东配殿、西配殿辟有"历代帝王庙历史沿革展览""历代帝王庙主要祭祀人物展览"，可以帮助观众进一步了解历代帝王庙及其祭祀制度的创建、发展和完善过程；神库举办"三皇五帝与百家姓专题展览"，以"百姓一家，根在华夏"为主体，展陈由三皇五帝衍生出来的100个主要姓氏的源流播迁、历代先贤和主要事迹，通过姓氏文化的相关知识，加深观众对中华民族共同始祖——三皇五帝的理解；关帝庙举办"关公文化专题展览"，介绍了历史上关羽其人和当阳关陵庙、洛阳关林庙、解州关帝祖庙简况，以"身卧当阳、头枕洛阳、魂归故乡、位尊帝王"为主线诠释了关羽的悲壮人生。

门票信息： 20元。

开放时间： 9：00—16：00。

交通导航： 乘13路、42路、101路、102路、103路、409路、603路、709路、812路、814路、823路、846路、850路公交车至白塔寺站下车即到。

雍和宫——龙潜福地

推荐星级：★★★★

雍和宫乃"龙潜福地"、殿宇为黄瓦红墙，与紫禁城皇宫一样规格。乾隆九年（1744年）改为藏传佛教寺庙，特派总理事务大臣管理本宫事务。雍和宫是全国规格最高的一座佛教寺院。

　　雍和宫位于北二环东南隅，初为清代雍正皇帝登基前的府邸；乾隆九年（1744年），改建为藏传佛教寺庙，成为清政府管理全国藏传佛教教事务的中心。1981年正式对外开放。雍和宫是北京市内最大的藏传佛教寺院。

雍和门

雍和宫占地面积约66 400平方米，以其规模宏大的佛家丛林、帝王宗教活动场所及联系蒙、藏上层的特殊历史作用而闻名于世。历史上，此处曾为明朝内宫监房，清朝康熙三十三年（1694）改为皇四子胤禛的府邸。康熙四十八年（1709），胤禛晋封为"和硕雍亲王"，贝勒府随之升为"雍亲王府"。康熙六十一年（1722），康熙帝驾崩，胤禛登基继位。雍正三年（1725），胤禛降旨将"雍亲王府"升为行宫，赐名"雍和宫"。至乾隆九年仲春初九日，乾隆皇帝降谕将其父雍正皇帝的潜邸、自己的出生地——雍和宫辟为藏传佛教格鲁派寺院。改庙以后的雍和宫则发展成为藏区域外佛学传播的中心之一，香火延续至今已有260余年。

雍和宫南北约跨400米，由三座精致的牌坊和雍和门殿、雍和宫殿、永佑殿、法轮殿、万福阁、绥成殿六进大殿和七进院落组成。东西两厢设有雅木达嘎楼、药师殿、密宗殿、讲经殿、时轮殿、照佛楼、戒台楼、班禅楼。建筑布局严谨，气势宏伟。寺内还有石狮、宝坊、殿宇、亭台、楼阁等装饰性建筑，油漆彩画，金碧辉煌。这不仅是中国寺院建筑形式的完整体现，还是汉藏建筑风格的完美结合。雍和宫的大经堂——法轮殿，其建筑的顶部即是仿西藏建筑的风格，五座琉璃鎏金宝瓶状的天窗顶饰，增强了古刹的神韵而更显庄严华美。

雍和宫拥有佛像、唐卡及大量珍贵文物，其中紫檀木雕刻的五百罗汉山、金丝楠木雕龙的大佛龛和18米高的白檀木大佛成为雍和宫木雕工艺的三绝，以大、奇、精著称。藏品中，有许多是16世纪以来西藏上层人士、大德高僧进献给皇室和本庙的珍贵礼品，具有极高的历史与艺术价值。新中国成立后，人民政府对这座古庙极为重视，多次拨款进行修缮。这座向世界敞开的藏传佛教寺院，以其神秘、博大、灿烂的文化内涵令人瞩目。

雍和宫自改建成藏传佛教格鲁派寺院始，在继承佛教传统佛日的基础上订立了自己的节庆日，沿袭至今。除了农历每月的初一、初十、十五、三十上午例行法会外，每年还有重大的法事活动。农历正月二十三至二月初一的"大愿

雍和宫大殿

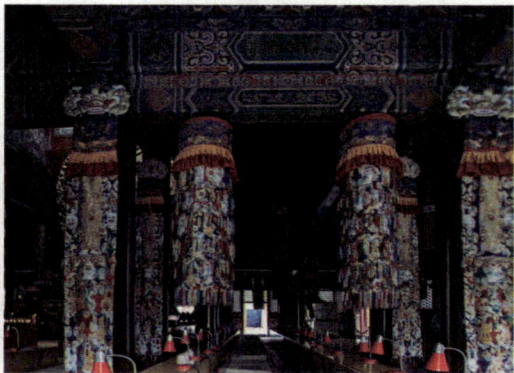
法轮殿

祈祷法会", 是雍和宫最隆重的节庆之一。法会要跳"金刚驱魔神舞"或称跳布扎, 俗称"打鬼", 以驱逐邪祟, 祈求吉祥。农历四月十三至十五的"千供法会"是释迦牟尼佛祖诞生、成佛、涅槃三期同庆之日, 称为佛吉祥日。公历九月二十四至三十日的"大威德坛城法会", 僧众以修习佛法借金刚威猛之势驱除无名烦恼, 祈祷国泰民安。农历十月二十五的"宗喀巴大师上师供法会"又名燃灯节。宗喀巴大师是藏传佛教格鲁派的创始人, 是著名的宗教改革家。在大师圆寂纪念日里, 雍和宫僧人为大师上千盏供灯, 寓意千灯普照, 大放光明。

门票信息: 门票25元。

开放时间: 8: 00—17: 00。

交通导航: 乘坐13路、116路、117路、684路、机场2线 (空调) 至雍和宫站下车即是。

太庙——皇帝祭奠祖先的家庙

太庙在明清两代为皇家祖庙，在天安门东侧，面积13.96万平方米，四周有围墙三重。太庙以古柏最为著名，太庙内有多株已有数百年树龄的古树，是全国重点文物保护单位。

太庙位于北京市天安门广场东北侧，是明清两代皇帝祭祀祖先的家庙。太庙始建于明永乐十八年（1420年），占地13.3万平方米，是根据中国古代"敬天法祖"的传统礼制建造的。

中央一钟上，镌刻着江泽民题写的"中华和钟，万年永保"的鎏金铭文

太庙的整个建筑平面呈长方形，南北长475米，东西宽294米，共有三重围墙，由前、中、后三大殿构成三层封闭式庭园。太庙是皇帝举行祭祖典礼的地方，大殿两侧各有配殿15间，东配殿供奉着历代有功皇族的神位，西配殿供奉异姓功臣神位。

其中大殿耸立于整个太庙建筑群的中心，面阔11间，进深4间，建筑面积达2 240平方米；重檐庑殿顶，三重汉白玉须弥座式台基，四周围石护栏；殿内的主要梁栋外包沉香木，其他建筑构件均为名贵的金丝楠木；天花板及廊柱皆贴赤金花，制作精细，装饰豪华。大殿之后的中殿和后殿都是黄琉璃瓦庑殿顶

后殿

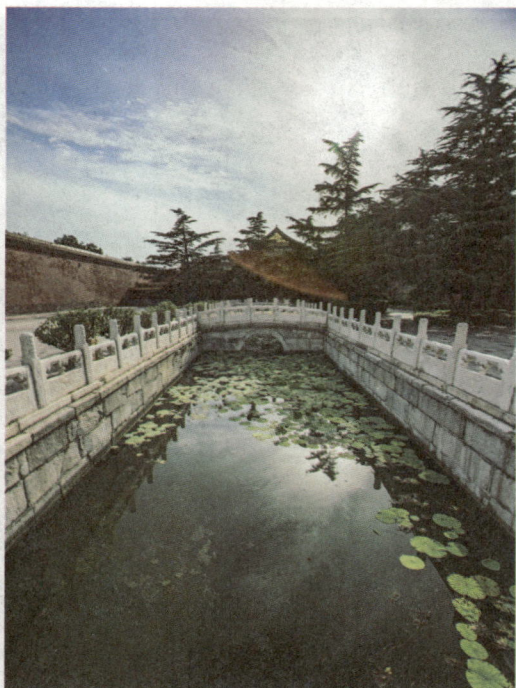

白玉桥

的9间大殿，中殿称寝殿，后殿称祧庙，是存放祭祀用品的地方，如今早已生活化。此外，太庙还有神厨、神库、宰牲亭、治牲房等建筑。

建于明永乐十八年(1420年)的太庙戟门，黄琉璃瓦单檐庑殿顶，屋顶起翘平缓，檐下斗拱用材硕大。汉白玉绕栏须弥座，中饰丹陛。两侧各有一旁门。该建筑是太庙始建后唯一没有经过改动的重要遗物，是明初官式建筑的重要代表。门外原有木制小金殿一座，为皇帝临祭前更衣盥洗之处。按最高等级的仪门礼制，门内外原有朱漆戟架8座，共插银镦红杆金龙戟120枝，不幸的是，这些重要的文物在1900年被入侵北京的八国联军全部掠走。但这并不影响它整体的宏伟壮观，特别是其作为皇家祖庙在历史上的崇高地位。

门票信息：公园票价2元，殿内与公园套票价10元。

开放时间：8：00—18：00。

交通导航：乘1路、4路、10路、20路等发往天安门广场的公交车可达景点。

西什库教堂——中西合璧的救世主堂

西什库教堂，本名救世主教堂，俗称北堂，是一座天主教堂，1703年开堂，曾经长期作为天主教北京教区的主教座堂。

　　西什库教堂，也称北堂，位于西什库大街33号，建于清初，具有中西合璧的建筑特色，是目前北京最大和最古老的教堂之一，时称"救世主堂"。1887年因中南海扩建，将其拆除，后来清政府拨银45万两，于西安门内西什库易地而建；1900年整修时加高西什库教堂一层，成为今日所见之庄严秀丽的北堂。

　　北堂是典型的哥特式建筑。最初由法国耶稣传教士于清康熙三十二年（1693年）在西安门内蚕池口修建，1703年建成。康熙去世后，雍正颁布禁教令，直到道光年间，北堂废弃，1872年被清政府没收并拆除。1860年英法联军入侵北京，清政府又将北堂归还给教会。1885年，慈禧扩建西苑，于1887年

西什库教堂漂亮的外观

西什库教堂一角

将北堂迁至现在位置，1900年建成。1985年国家拨款重修，恢复了正常的宗教活动。

北堂的四个高高的尖塔，三个尖拱券入口及主跨正中圆形的玫瑰花窗，塑造出端庄而绮丽的立面，在青松翠柏环绕之中越发显得洁白挺拔。大堂平面呈十字架形状，建筑面积约2 200平方米，高16.5米，钟楼塔尖高约31米。堂前左右两侧各有一中式四角攒尖黄色琉璃瓦顶的亭子，亭内是乾隆亲笔题写的石碑。一西一中、一高一矮，巧妙搭配，令人叫绝。主入口两侧的圣者雕像是北京各教堂中绝无仅有的。堂内的300根巨柱撑起的金色拱顶和80扇镶彩玻璃的花窗总能让人联想到巴黎圣母院。北堂整体建筑风格中西结合，1985年重修了大堂正前方的耶稣主祭台、东西两侧的圣母玛利亚和圣父耶和华的祭台。1985年12月24日举行了开堂典礼。西什库教堂成为北京最绚丽的教堂。

除了主体建筑，西什库教堂还有面积很大的附属建筑群，包括图书馆、后花园、印刷厂、孤儿院、医院以及光华女子中学、耶和华修女院和天主教华北教区主教府。如今这些附属建筑大多被其他单位占用，只有耶和华修女院还保留使用，现位于教堂西北侧。

门票信息：免费。

开放时间：5:00—18:00。

交通导航：可乘坐604路公交到达西四路口南站下，步行约500米即可到达。

大钟寺——钟王"永乐大钟"寺中藏

推荐星级：★ ★ ★

大钟寺原名觉生寺，建于清雍正十一年(1733年)，占地三万多平方米。寺院呈长方形，坐北朝南，曾是清帝祈雨的场所之一。寺内珍藏的明成祖朱棣下令铸造的永乐大钟，素有"钟王五绝"的美誉。

　　大钟寺原名觉生寺，建于清雍正十一年（1733年），因寺内珍藏一口明代永乐年间铸造的大钟而得名。

　　大钟寺曾是清朝皇帝祈雨的地方，寺院坐北朝南，由南往北依次为山门、钟鼓楼、天王殿、大雄宝殿、后殿、藏经楼、大钟楼和东西翼楼，另外还有六座配庑分布在两侧。大钟楼是寺内独具特色的核心建筑，它矗立在一座巨大的

大钟寺

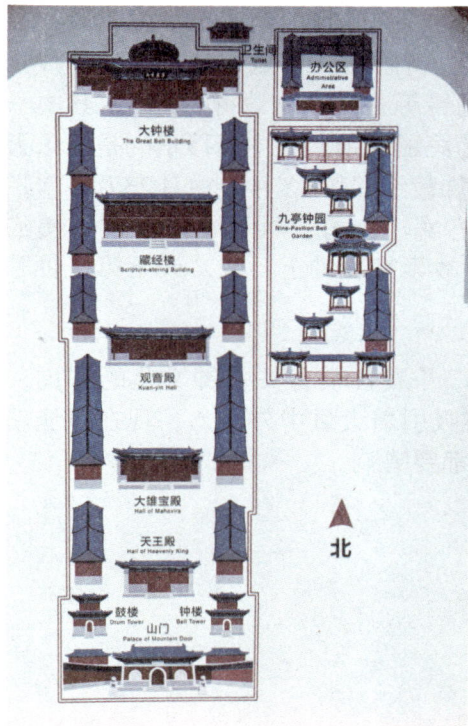
大钟寺一览

永乐大钟

青石砌成的台基上，整个钟楼上圆下方，象征"天圆地方"。青石台基上砌有八角形"散音"池，在它的作用下，轻击大钟时，方圆百余里均可听到纯厚、古雅的钟声，余音可持续3分钟之久。

大钟楼内高悬的永乐大钟，是永乐年间明成祖迁都北京后下令铸造的，距今已有560多年的历史。在大钟楼东面的庭院里，按历史年代陈列着40余口形状各异的古钟。宋、元时代的钟呈桶形，如珍藏在藏经楼里的大钟，是宋熙宁年间铸造，距今已有900多年的历史，是大钟寺最古老的钟。明初开始钟口逐渐外张，呈喇叭形，反映出在我国古钟发展史上，人们对声学、力学原理的认识过程。

1985年10月，大钟寺古钟博物馆在此创立。它是目前全国唯一以收藏、展览、研究和传播古钟文化知识为宗旨的专题性博物馆。馆藏古钟类文物品种比较齐全，有乐钟、朝钟、佛钟、道钟、金刚铃等古钟类文物400多件，其中一级文物6件。年代最远的为西周编钟，近的为民国道钟。其中最珍贵的是永乐大钟，1420年铸成，重约46.5吨。钟身内壁有佛教经咒100多种，总计23万多字，由汉梵两种文字组成，铭文行笔工整，形态端庄大方。钟体铸造工艺精美绝伦，钟声古朴淳美，洪亮深沉，可传百里，故素有"钟王"或"天下第一钟"之美誉。

另外，博物馆常年举办各种古钟展览，开展各项有关古钟文化的咨询、研究与交流活动。独特的展览和优美的环境吸引着大量中外游人。现在每逢新年、春节或重大庆典时刻，馆内的永乐大钟都要鸣响。

门票信息： 10元。

开放时间： 9：00—16：30，周一闭馆。

交通导航： 乘坐123、361、367、422、425、626、730、特8路等车到大钟寺站下车即到。

第 8 章

老北京的闲暇时光里

老舍茶馆—— 一碗老茶品北京

推荐星级：★★★★★

老舍茶馆是以人民艺术家老舍先生及其名剧命名的茶馆，始建于1988年。在这古香古色、京味十足的环境里，每天都可以欣赏到来自曲艺、戏剧等各界名流的精彩表演，同时可以品用各类名茶、宫廷细点和应季北京风味小吃。

北京的茶馆可谓久负盛名，这里集中了北京的民俗文化和市井文化，走进茶馆嗅一丝幽香，品一味好茶，体验一种文化，这才是老北京人的生活！

位于前门西大街的老舍茶馆最能体现北京的地方特色，它是以人民艺术家老舍先生的名字命名的，让人不禁联想到反映了老北京茶馆几十年兴衰史的老舍先生的名篇《茶馆》。

老舍茶馆正门

　　南来北往的客人走进老舍茶馆，在八仙桌旁落坐，一边欣赏京剧、杂技、魔术、皮影戏等表演，一边品用茶和京味小吃；或者闹中取静，听悠扬的古筝，看精湛的茶艺表演，享受现代都市中的悠闲。在老舍茶馆，不仅能品出其中的茶味，还能品出其中的文化味。单是茶馆门口，传统装扮的"堂倌"那一嗓子迎客吆喝，就能让你体会到老北京那独有的古都韵味。1979年，时为北京市宣武区大栅栏街道办事处职工的尹盛喜，扔掉 "铁饭碗"，在北京前门箭楼脚下支起茶摊，创立"北京大碗茶青年茶社"，靠卖每碗两分钱的"大碗茶"创业并发展为北京大碗茶商贸公司。1988年12月15日，北京大碗茶商贸公司投资创办老舍茶馆。

　　现在，老舍茶馆已经成为一家汇聚中国戏曲文化、饮食文化、茶文化、京味文化于一身，集老北京清茶馆、餐茶馆、野茶摊、书茶馆等多种形式为一体的综合性文化企业。茶馆分为三层，营业面积2 600多平方米。位于二层的"前门四合茶院"以古老经典的北京传统建筑四合院为形制，在保留老北京四合院正房原貌的同时，又体现出"北方庄重、南方素雅"的特色，各厢房错落有致、变化多端，是传统艺术与现代技术的结合。芳草萋萋、鸟鸣婉转，更增添了茶院的雍容与灵动。在三层的演出大厅里，每天都可以欣赏到京剧、曲艺、杂技、魔术、变脸等优秀民族艺术的精彩演出。在观看演出的同时，还可以品用各类名茶、宫廷细点、风味小吃和京味佳肴茶宴。三层东侧的大碗茶酒家，是一家以老北京风味菜、特色茶菜、茶宴为主的餐厅。

　　老舍茶馆不但浓缩了中国传统文化中的"茶、餐、戏、礼"，还传承着原汁原味的京味文化。从大栅栏的二分钱大碗茶创业开始，30多年来，老舍茶馆成为69个国家、150多位首脑级人物访问中国时的必到之地。在老舍茶馆里，他们震撼于中国的民间艺术，感慨于老北京文化的魅力。

门票信息： 免费。

开放时间： 10：00—22：00。

交通导航： 乘17路、22路、43路、826路公交车至前门站下车即到；或乘地铁2号线至前门站下车即到。

德云社——乐乐呵呵听相声

推荐星级：★★★

德云社由相声演员郭德纲先生创建于1996年，是以弘扬民族文化、培养曲艺人才、服务大众为主旨的曲艺演出团体。在立足于弘扬民族文化的基石上，以剧场为媒介向大众传播传统文化、民间艺术，让相声艺术回归剧场得以生存，为北京演出市场开创了又一新亮点。

　　1995年，郭德纲来到北京，同相声界前辈张文顺以及青年演员李菁一起，开始在茶馆等地演出。之后随着邢文昭、徐德亮等人的陆续加入，1998年社团取名为"北京相声大会"。到了2003年，演出团队扩大到10余人，开始在天桥乐茶园演出，"北京相声大会"也更名为现在的"德云社"。

　　最初他们并不那么顺利。当时观看一场相声的票价只要20元，但有两三百个座位的场馆里有时只来了几个人，甚至只有一个人。郭德纲在后台定下了一条规矩：只要有人看，他们就得演，能多留下一个观众就尽量留下一个。这种坚持的精神没有白费，在熬过了早期的艰难岁月后，2005年郭德纲和德云社一下子火了起来。那一年，郭德纲率领德云社成员在解放军歌剧院举办了京城10年创业以来的第一个剧场专场。演出创下了返场22次、20多万人观看新浪视频直播的单场纪录。直到今天，德云社的演出仍然一票难求。

德云社外景

郭德纲、于谦说相声

成功并非偶然。德云社精通600多个传统相声段子，"说、学、逗、唱"基本功扎实，而且善于创新，在生活上寻找热点和笑料，来和观众达到共鸣。再加上郭德纲、于谦等相声演员敢于自嘲的表演方式，往往能使观众捧腹大笑。

经历10余年风雨艰辛的奋斗历程走到了今天的北京德云社，从当初"北京相声大会"时期每周在天桥乐茶园等地演出五六场，到天桥乐茶园焕然一新为德云社剧场后又增加了"张一元天桥茶馆""云龙茶楼"，再到后来的"德云书馆""德云评剧社"和"北京德云社天津分社"等，每年要演出1 630余场。

从工人俱乐部到中和戏院，从广德楼到天桥乐茶园……郭德纲先生和张文顺、李菁、王文林、于谦、徐德亮等德云社的全体演员不仅用心血和汗水打造了"北京相声大会"这一品牌，而且培养出何云伟、曹云金、刘云天(刘毅)、栾云平、孔云龙等优秀的青年演员。对相声艺术的执着和睿智成就了郭德纲，同样，郭先生和全体同仁的努力也为相声艺术的振兴增添了新的希望。"德化苍生寓理于乐，云隐灵台万象归春"，可以预想，北京德云社在全社会的鼎力支持下将会不断铸就新的辉煌。

现在德云社经常表演的剧场有天桥剧场（宣武区北纬路甲1号）、三里屯剧场（朝阳区工体东路4号）和广德楼戏园（西城区前门大栅栏大街39号）等，剧场舞台上由戏曲、杂技、武术、曲艺四部分组成的综合节目，精彩夺目，使您置身于北京民俗传统文化的氛围之中。

门票信息：105元。

开放时间：周一至周五、周日19：30（节假日及专场活动除外）。

听京剧——看一场纯正的京味儿大戏

推荐星级：★★★

京剧是中国的国粹，优美的唱腔、色彩斑斓的服饰、出神入化的脸谱、精彩的演绎让众人为之倾倒。在北京可以欣赏京剧的最佳去处有长安大戏院和梅兰芳大剧院。

　　被称为"国粹"的京剧是在北京形成的戏曲剧种之一，至今已有将近200年的历史。它的前身为徽调，通称皮簧戏。曾一度称为平剧，后改称京剧。清乾隆五十五年（1790年），流行于安徽久享盛名的三庆徽班入京为乾隆帝祝寿。继之，许多徽班接踵入京献艺。其中最著名的有三庆、四喜、春台、和春，昔称"四大徽班"。

京剧表演

243

道光八年（1828年），流行于苏、浙、皖、赣等省的楚腔（亦称汉调）由名演员携班进京。该剧主腔西皮调，与徽剧的二黄通力协作，同台演出，于是出现了皮黄戏。以后京剧又吸收了昆腔、秦腔和一些民间曲调的精华。表演上歌舞并重，融汇了武术技巧，多用虚拟性动作，节奏感强，创造了许多程式性的表演动作。演唱时讲究行腔吐字，念白具有音乐性。在唱、念、做、打方面逐渐形成了完整的艺术风格和表演体系。京剧行当分生、旦、净、丑。用京胡、二胡、月琴、三弦、笛、唢呐及鼓、锣、铙钹等乐器伴奏。

自清咸丰、同治以来，京剧经程长庚、谭鑫培、梅兰芳等加以改革和发展，影响至全国。其历史悠久，流派纷呈。著名的老生有谭鑫培、马连良、周信芳等，四大名旦有梅兰芳、荀慧生、程砚秋、尚小云，净行中有金少山、裘盛戎，丑行中有萧长华、叶盛章。传统剧目有一千二三百个。以《霸王别姬》《打渔杀家》《三岔口》等流行较广。

闻名遐迩的长安大戏院是欣赏京剧的好去处。它始建于1937年，原址在北京西单繁华商业街。新戏院于1996年9月27日金秋之季重张开业，新址在东长安街北侧光华长安大厦内。剧场宽敞明亮，富丽堂皇，是北京长安街上高档、豪华、舒适的现代化剧场。

长安大戏院是有着70余年历史的老字号戏院，创建人杨守一喜好京剧，是北京著名票友。该剧院是古典风格与现代建筑艺术的完美结合，深具明清风格，二层楼，能容1 200名观众。在长安大戏院的历史中，展现了许多不同流派的剧目和许多京剧表演艺术家，如梅兰芳、尚小云、程砚秋、荀慧生等人的艺术风采。新建后长安大剧院的上座率高得惊人，每年演出都在450场左右，最多的一年有600多场。

　　另一处观看京剧的梅兰芳大剧院坐落在北京西城区官园桥东南侧的黄金地段，是以京剧大师梅兰芳先生名字命名的。大剧院装潢的每一个细节都彰显着传统底蕴。舞台及声学的设计完全满足京剧、话剧、歌剧、舞剧，甚至音乐会等各种艺术形式的演出需要。

第 9 章

曾经和现在的巅峰

八一电影制片厂——我们的战士我们的厂

熟悉的标志，经典的作品，难忘的人物，八一电影制片厂一直坚持着自己的风格，不断为人们奉上优秀的影片。

　　八一电影制片厂是中国唯一的军队电影制片厂，它位于北京市丰台区六里桥北里，占地面积26.1万平方米。1951年3月，以总政治部军事教育电影制片厂名义开始筹建，1952年8月1日正式建厂，命名为解放军电影制片厂，1956年更名为八一电影制片厂。该厂以拍摄军事题材影视为主，是一个具有摄制故事片、军事教育片、新闻纪录片、国防科研片、电视片和电视剧等多片种生产能力的综合性电影制片厂。

　　故事片：八一电影制片厂于1955年拍摄了第一部故事片《冲破黎明前的黑暗》，此后又相继拍摄了《战斗里成长》《狼牙山五壮士》《林海雪原》《野火春风斗古城》《闪闪的红星》等电影。为了遵循党的"双百方针"，八一电影制片厂还摄制了一些题材不同、风格迥异的故事片，如《二泉映月》《吕布与貂蝉》《老乡》《士兵的荣誉》等，其中大部分影片在"华表奖""金鸡奖"和"百花奖"评选中获奖，有的影片还在国际电影节上获奖。半个多世纪以来，八一电影制片厂已拍摄故事片240余部，创作了许多熠熠生辉的银幕形象，为中国乃至世界电影画廊增添了光辉一页。

八一电影制片厂标志

八一 剧场

纪录片：八一电影制片厂新闻纪录片的创作队伍及其作品，有着较为广泛的影响。1952年建厂以来，八一电影制片厂的战地摄影队始终活跃在战争第一线，在抗美援朝战争及以后历次的边境自卫反击战中，都拍摄了许多优秀战争纪录片，留下了极其珍贵的电影资料。

军教片：八一电影制片厂从建厂伊始，就进行了军事教育片的拍摄生产，至今已摄制了军教片700余部。军教片的主要作用是配合部队院校教学和部队训练。军教片的品种是多种多样的，主要有战例片、军事技术片、军事演习片和军事科普片。其中，《地道战》《地雷战》以及《破袭战》等深受广大观众的喜爱。

众所周知，八一电影制片厂的战争影片耐看。原因之一，就是道具与场景的真实性，真实到战术、武器细节。例如电影《大决战》中解放军、国民党嫡系、杂牌军的武器各不相同。解放军的武器，步枪以日式为主，机枪多见"歪把子"，都是老八路从日寇手中缴获的；国民党军整编七十四师全部美式装备，重武器有道奇卡车牵引的105毫米榴弹炮，吉普车牵引的75毫米山炮，此外还有火焰喷射器、勃郎宁水冷式重机枪，士兵手里拿的是汤姆森冲锋枪、春田步枪，无线电报话机配备到连；国民党的杂牌部队，拿的是"中正式"和"三八大盖"，这都与史实符合。

八一电影制片厂以"用光影写史，为军旗增辉"为崇高使命和神圣职责，始终不渝地坚守主流文化阵地，坚持繁荣先进文化，建设和谐文化；围绕中心，服务大局，讴歌英雄，展示崇高，与时俱进，开拓创新；不断推出更好更多的优秀作品，为建设社会主义核心价值体系，为推动社会主义文化大发展大繁荣，谱写新的篇章。

北京大观园——《红楼梦》的梦外梦

推荐星级：★★★★★

北京大观园是一座再现中国古典文学名著《红楼梦》中"大观园"景观的仿古园林，位于宣武区南菜园（市区西南隅护城河畔）。

"一个是阆苑仙葩，一个是美玉无瑕。若说没奇缘，今生偏又遇着他；若说有奇缘，如何心事终虚化？一个枉自嗟呀，一个空劳牵挂。一个是水中月，一个是镜中花。想眼中能有多少泪珠儿，怎经得秋流到冬尽，春流到夏！"

林黛玉所住的潇湘馆

怡红院

大观园内一角

　　一曲《枉凝眉》是否会令你想起87版电视剧《红楼梦》？曹雪芹先生笔下那座富丽堂皇的大观园，在现实中得到了还原，那便是如今的北京大观园。

　　北京大观园位于北京市宣武区南二环路，距天安门广场5千米。原址为明、清时期皇家菜园。1984年，为拍摄电视剧《红楼梦》，我国红学家、古建筑家、园林学家和清史专家共同商讨，按作者在书中的描述，采用中国古典建筑的技法和传统的造园艺术手法，建造了这座北京大观园。1986年9月30日北京大观园正式对外开放。大观园中的园林建筑、山形水系、植物造景以及其他点缀等，都忠实于原著的时代风尚和细节描写。众多的努力共同造就了这座具有古典园林外观、红楼文化内涵、博物馆功能的大型文化旅游景区。

　　这座总面积约12.7万平方米的大观园，可分为五处庭院景区、三处自然景区、一处佛寺景区以及一处殿宇景区，有景点40多个，游人在内游玩半天都不一定能看得完。

首先让我们一起来看一看大观园中"贾宝玉的住所"——怡红院。在《红楼梦》原文中有过这样的描述:"一入门,两边都是游廊相接。院中点衬几块山石,一边种着数本芭蕉;那一边乃是一棵西府海棠,其势若伞,丝垂翠缕,葩吐丹砂。"北京大观园中的怡红院院外粉墙环护、绿柳周垂,院内山石点缀、甬道相连。整个院落雍容华贵,美不胜收。

然后就是我们的另外一个主角,那体弱多病,多愁善感,偏又生得倾城容貌,兼有旷世诗才,名列"金陵十二钗"正册之首的林妹妹——林黛玉,她在荣国府的住所为潇湘馆。大观园中的潇湘馆四面环水,池塘内碧绿葱翠的荷叶连接成片,清丽脱俗的荷花袅袅盛开。在这样清新静谧的环境下,悠闲地散步,十分惬意。

还有曲径通幽,那一用太湖石堆砌而成的假山。贾宝玉根据唐代诗人常建的诗句"曲径通幽处,禅房花木深"而为它命名。寓意是只有沿妙道曲径蜿蜒穿洞而过,方能领悟园中幽雅的景致。

当然,大观园中的美景可不止这些,还有沁芳亭桥、太虚幻境等,都值得去游赏。此外,每年初一至初五,大观园内还会定时举办新春庙会,热闹非凡。

门票信息: 40元。

开放时间: 淡季:7:30—17:00;旺季:7:30—17:30。

交通导航: 乘坐53路、56路、59路、122路、351路、800内路、939路、697路、717路、474路在大观园站下即可。

天桥剧场——北京南城的文化明珠

推荐星级：★ ★ ★

天桥剧场是新中国成立后建造的第一家大型综合剧场，始建于1953年，至今已有60多年历史

天桥剧场位于北京中轴线前门大街南端，与自然博物馆隔街相望，南有护城河蜿蜒而过，北与琉璃厂文化街相连，西接中央芭蕾舞团、中国歌剧舞剧团，与正乙祠戏楼、湖广会馆等文化社团相互辉映，被誉为北京南城一颗璀璨的文化明珠。

新中国成立伊始，百废待兴。北京除了遗留的戏园子和老影院之外，还没有一家大型剧院。为承办国家大型文化活动，1953年底国家投资，参照当时苏

天桥剧场

联和民主德国的剧院建筑，建成了可容纳1 700多个座位的天桥剧场。1954年夏季，为配合十月革命节，同时迎接苏联莫斯科著名音乐剧来华演出，天桥剧场又进行了二期工程。1955年开始，有很多重要的经典歌舞剧都在这里上演，许多重要的国际文化交流项目也在这里举行。"文革"期间，天桥剧场成为样板戏演出的专用剧场。

改革开放以后，天桥剧场迎来了舞台演出与文化交流的又一个春天。1991年，国家投入巨资，在原址上按照国家大剧院的标准重新翻建了天桥剧场。新天桥剧场于2001年3月落成，是首都唯一一家专业歌剧、芭蕾舞剧场。

剧场观众厅分上、中、下三层，共1 215个软席座椅。一层719个座位；二层为露台包厢席，共有各式包厢9个，159个席位；三层有座席337个，还配有多功能厅，可容纳50人，装修典雅气派，适合举行小型新闻发布会和酒会、庆典仪式等。舞台建筑台口宽16米、高9米，假台口可将台口尺寸调整为12米×7米，舞台深21米、宽31米。台面距栅栏天顶24米。此外，天桥剧场的灯光和音响设备也是世界顶级水平。

2001年新天桥剧场落成以后，众多世界优秀剧作都在这里演出。如由张艺谋导演、中央芭蕾舞团表演的新世纪第一部原创芭蕾舞剧《大红灯笼高高挂》、俄罗斯明星芭蕾舞团的芭蕾舞剧《天鹅湖》、阿根廷大型音乐舞剧《探戈女郎》、中央歌剧院的歌剧《茶花女》和《蝴蝶夫人》等都在这里演出过。

国家大剧院——浪漫建筑中的天籁之音

推荐星级：★★★★

国家大剧院在万众瞩目中，已成为中国最具关注力的建筑和文化现象。

　　国家大剧院位于北京城的心脏地带——紫禁城的西侧，北边则是城市主干道长安街。剧院的建设工程从2001年12月开工，到2007年9月建成，总投资约30亿元人民币，设计师为法国建筑师保罗•安德鲁。

国家大剧院外观

　　国家大剧院是由大剧院主体建筑及南北两侧的水下长廊、地下停车场、人工湖和绿地组成。大剧院整个建筑处于总面积3.55万平方米的人工湖内，水深40厘米，整个水池被分成了22格。湖水清澈得如同一面镜子，从远处看，湖面倒影与建筑构成了统一的整体，交相辉映，形成了良好的视觉效果。

　　基地周围包围了一圈绿化带，入口处左右对称设置大片绿地，隔断了长安街上的喧嚣，形成了一片身处市中心的大型文化休闲广场。这样既避免了整个环境的单调，同时又突出了整个基地的南北轴线。

　　从大剧院门入口进入内部，首先要通过位于人工湖下方的水下长廊。这条水下长廊长约80米，宽约24米，顶部用玻璃天棚搭建而成，保证了内部采光，避免了空间的压抑和单调。水下长廊是整个建筑中一个很重要的部分。

　　国家大剧院的中心建筑为独特的壳体造型，高46.68米，地下最深32.50米，周长为600余米。壳体表面由18 398块钛金属板和1 226块超白玻璃巧妙拼接，营造出舞台帷幕视觉效果。大剧院的造型新颖、前卫，构思独特，是传统与现代、浪漫与现实的结合。一个简单的"鸡蛋壳"，里面孕育着生命，表达了内在的活力和生命的绽放。剧院内部设计四个剧场，中间为歌剧院，东侧为音乐厅，西侧为戏剧场，南门西侧是小剧场。四个剧场既完全独立又可通过空中走廊相互连通。公共大厅的地板铺着20多种颜色不一、花纹各异的名贵石材。公共大厅的天花板由名贵木材拼接而成，木质的红色深浅不一、明暗相间。

　　歌剧院主要演出歌剧、舞剧，有观众席2 416席。音乐厅主要演出交响乐、民族乐、演唱会，有观众席2 017席。戏剧场主要演出话剧、京剧、地方戏曲、民族歌舞，有观众席1 040席。小剧场有观众座位556席，上演室内乐、小型独奏独唱、小剧场话剧、现代舞等。

国家大剧院

　　安放于音乐厅中的管风琴是亚洲最大的管风琴，有94音栓，发声管达6 500根之多，造价达3 000万元，能满足各种不同流派作品演出的需要。

　　音乐厅四周的数码墙犹如站立起来的钢琴琴键，其凹凸的形状和尺寸是由数论精确计算得出的，能使声音均匀柔和地扩散反射。音乐厅的天花板由形状不规则的浮雕组成，有利于声音的扩散。

　　此外，音乐厅的顶部、墙壁、地面、舞台、座席与管风琴的色调搭配和谐优美，处处传递着音乐殿堂的非凡气质。混响时间为2.2秒，实现了建筑美学和声学美学的完美结合。巧妙的设计保证了在如此浪漫的建筑中，观众可以欣赏到美轮美奂的天籁之音。

长安大戏院——戏曲艺术大舞台

长安大戏院已有半个多世纪的历史，发展至今正慢慢地成为戏曲界的现代化艺术天堂。

推荐星级：★ ★ ★

　　长安大戏院是闻名遐迩的老字号剧场，始建于1937年。原址坐落在北京西单繁华商业街。老长安大戏院曾与古老的戏曲艺术和老一辈的戏曲艺术家们同辉煌共沧桑！

长安大戏院

长安大戏院异地新建后于1996年9月重张开业，位于东长安街北侧光华长安大厦内，地理位置优越，是举办演出、会议的首选场地。

这是一座融古典民族建筑风格与现代化科学技术于一体的国家级剧场，宽敞明亮，富丽堂皇。院内拥有古典精美的红木桌、豪华典雅的贵宾席以及舒适的软座椅等。剧场大厅全部采用意大利天然大理石镶嵌，厅内设有中国画画廊、脸谱等民俗工艺品、仿古复制品及音像制品等旅游商品展卖台。自动扶梯可将观众直接送入二楼观众厅。二楼观众厅可容纳800个座位，采用古朴、典雅、民族风格的内装饰。剧场一层前区有26张红木条案，130把红木梳背椅，配以长安大戏院特别订制的手绘婴戏图高级茶具、餐具及清宫食点，古色古香，传统民族文化韵味十足。大戏院除前区有茶座外，后区还有排座，二层还设有贵宾包厢、普通包厢和排座。

大戏院以上演经典剧目为主，同时还展现了许多不同流派的剧目和许多京剧表演艺术家的艺术风采。再配上戏院多功能的舞台、先进的音响等，能够使各类艺术演出完美地完成。来到这里的游客，不仅能欣赏到《龙凤呈祥》《秦香莲》《赵氏孤儿》等传统京剧的演出，还能看到适合旅游者观看的旅游京剧。旅游京剧是由编剧和导演精心编排的，目的是为了让游客能充分地理解京剧、欣赏京剧。这也是长安大戏院的一大特色。

逢年过节，一些戏曲艺术家也会趁着喜庆之日前来助兴，使长安大戏院真正成为戏曲界的一个大家庭、大舞台，也使其真正成为一座现代化的艺术殿堂。

门票信息：50~580元。

交通导航：1路、4路、52路、728路、10路或地铁建国门站下车。

清华园——水木清华泛诗话

"水木清华"四字出自晋谢混《游西池》诗："景昃鸣禽集，水木湛清华。"

清华园原址为清朝康熙年间所建的熙春园的一部分，占地大约17.4万平方米，当时是北京西郊圆明园的附属园林。道光年间，熙春园被分为东西两个部分。东边的园子仍名为"熙春园"，赐予五子奕𫖮，俗称"小五爷园"，咸

清华园

清华园风光

丰即位后将熙春园改名为"清华园",并亲题匾额。西边的园子起名为"近春园",赐予四子奕詝(即咸丰帝),俗称"四爷园"。

"清华园"工字厅后面的匾额题有"水木清华"四字,两旁有对联一副,曰:"槛外山光历春夏秋冬万千变幻都非凡境;窗中云影在东西南北去来澹荡洵是仙居。"

1860年,英法联军焚烧圆明园后,清廷曾有重修圆明园的计划。由于近春园在圆明园附近,所以园内的斋堂轩榭都被拆卸,用来准备重建圆明园。可是最终重建圆明园的计划未能实现,近春园却因此沦为"荒岛"。近来流传的关于近春园毁于圆明园大火的说法是不准确的。

1910年,美国用庚子赔款建造的"清华学堂",即位于清华园内。如果说俄国圣彼得堡起源于一顶帐篷,那么清华大学就起源于这座学堂,并奋斗成为中华名校。

清华园的主要建筑有工字厅、怡春院和古月堂等。

　　工字厅，原名工字殿，砖木结构，建于清朝康熙年间，是清华大学最负盛名的古建名胜，与古月堂一巷相隔，位于清华大学第二教室楼西侧。建筑面积2 638平方米。

　　怡春院，建于清朝康熙年间，位于工字厅西北，与工字厅以垂花门相通，院内有月亮门、藤萝架、小型鱼池、假山等。

　　古月堂，建于清道光二年（1822年）前后，与工字厅一巷相隔。古月堂最有特色的部分是垂花门，至今完好无损。建筑面积697平方米。

　　清华园已有300年的历史。据史料记载，清华园内曾有皇帝御题匾额11块，它是目前西郊仅存的少数圆明园时代的建筑。另外，今天清华大学校园西北角一块曾是圆明三园之一——"长春园"的一部分，不难看出保护清华园的意义非常重大。

门票信息： 免费。

开放时间： 8：00—18：00。

交通导航： 市郊铁路延庆线(S2) 运通110线、307路、319路、331路、355快车、355路、375路、438路、628路、656路、731路、743路、957路、快2路。

燕园——未名湖畔学子游

北京大学本部又叫燕园，位于北京市海淀区东北部，与圆明园、颐和园毗邻

北京大学校园又称燕园，而燕园一名，是出自原燕京大学的校园简称。

1898年，北京大学的前身——京师大学堂建校时，用地安门内马神庙和嘉公主府旧第为临时校舍。1918年，位于汉花园的红楼落成，连同嵩公府成为学校本部。1920年，国民政府促成通州协和大学、协和女子大学、汇文大学三所京校合并，组建燕京大学。随后校长司徒雷登买下了淑春园和南部的勺园，并请了美国设计师墨菲对校园进行规划设计。1952年院系调整时，燕京大学并入北京大学。北京大学的校址迁入西郊的燕园，经过40余年的建设，成为今天的北京大学校园。

燕园一角

　　北大校园是明清时期北京西郊著名园林区的一部分，它北邻闻名中外的圆明园遗址，西边遥对颐和园和香山、玉泉山，东边和清华园相接。从明朝末年著名书画家米万钟创建勺园以来，至今已有370余年的历史。风景秀丽的未名湖一带，是清代随着圆明园的营造而开发的，原称淑春园，在其周围有恭亲王的朗润园、醇亲王的蔚秀园、惠亲王的鸣鹤园、庄静公主的镜春园。这些园林在清代皆属内务府管辖，统称赐园，它是燕京大学校园的主体，也统称为燕园。

　　燕园的自然地理条件优越，外有西山可借，内有泉水可引，早在金代就成了京郊著名的风景区，同时又是明清两代封建帝王的"赐园"。北大于1952年迁此园后，充分利用了这些古典园林基础，保持传统，适当改造，适应了内外园林区的风貌，营建了园林化校园环境。北大校园既有北方园林的宏伟气度，又有江南山水园林的秀丽特色，可谓集江南山水园林精神之大成而自成一格。数百年来，虽饱经沧桑，已非原貌，但基本格局与神韵依然存在，成为难得的历史遗产。纵观燕园，这里不仅有亭台楼阁等古典建筑和假山怪石，而且山环水抱，湖泊相连，堤岛穿插，湖光塔影，翠瓦红门，林木苍郁，风景宜人，美轮美奂。无论是燕园学子，还是路过游人，都会留恋燕园之美。

未名湖畔

博雅塔

中央戏剧学院——影视艺术的基地

中央戏剧学院，简称中戏，是中国戏剧艺术教育的最高学府。

推荐星级：★★★★

中央戏剧学院是我国戏剧艺术教育的最高学府，亚洲戏剧教育研究中心总部所在地，同时也是世界戏剧院校联盟国际大学生戏剧节活动基地，教育部直属的艺术类重点院校。

说到学院的历史，可以追溯到1938年4月10日成立的延安鲁迅艺术学院，至今已经有70多年的历史。其间历经华北联合大学文艺学院、华北大学第三部，加上南京国立戏剧专科学校并入，逐渐扩大。1949年12月，中央戏剧学院正式

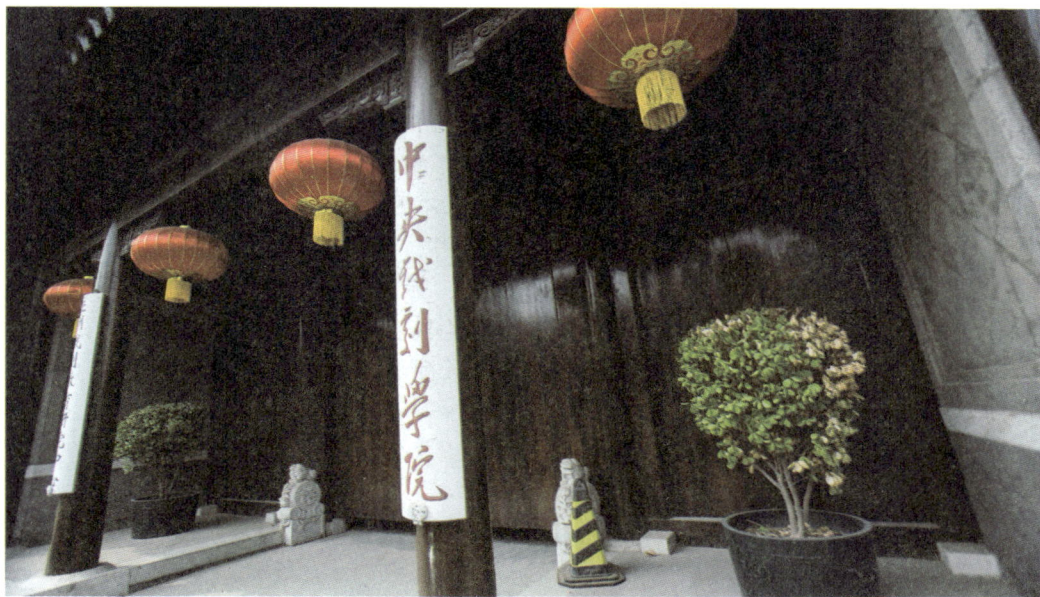

中央戏剧学院

开办，1950年4月2日，正式召开了中央戏剧学院成立大会，毛泽东主席亲笔题写校名。

学院校园占地约1.7万平方米，建筑面积近3万平方米，基础设施完备。学院拥有一座建筑面积5 111平方米、700多个座位、设备先进的实验剧场，为学院的戏剧影视艺术实践和专业教学提供了有利条件。学院图书馆建筑面积1 700平方米，拥有10余种数据库管理软件，基本上实现了信息管理自动化、检索文献网络化。目前藏书超过37万册，中文戏剧类图书馆藏之丰富，为国内之最。

中央戏剧学院教学科研机构设有：表演系、导演系、戏剧文学系、舞台美术系、电影电视系、艺术管理系、基础教学部、影视艺术职业学院、戏剧艺术研究所、学报社、国际文化交流中心等。本专科专业设置有：表演专业、导演专业、戏剧影视文学专业、戏剧影视美术设计专业、戏剧学专业、公共事业管理专业、播音与主持艺术专业。研究生专业设置有：戏剧戏曲学、电影学、广播电视艺术学。学院设有博士后科研流动站。其中"戏剧戏曲学"为国家重点学科。

在长期的办学实践中，中央戏剧学院坚持现实主义美学原则，继承中华民族美学传统，博采众长，厚基础、重实践，秉承"求真、创造、至美"的校训，致力于为国家乃至世界培养戏剧影视艺术精英人才。学院的毕业生中有相当一部分人已成为闻名中外的艺术家、学者、教授和作家，他们多次荣获国家文华奖、"五个一工程"奖、戏剧梅花奖、振兴话剧奖、电影金鸡奖、百花奖、电视金鹰奖、飞天奖以及国际电影大奖（金熊奖、金狮奖、金拐棍奖、金马奖、奥斯卡奖提名）等，为中国戏剧影视事业的繁荣和发展做出了卓越贡献。

消费信息： 免费。

开放时间： 全天。

交通导航： 可乘307路、320路、323路、355路等在中关园站下车。

第10章

北京的那些老字号

同仁堂—— 中药业的第一品牌

推荐星级：★★★★

北京同仁堂是有着300多年悠久历史的中医药行业的百年老字号。其产品以"配方独特、选料上乘、工艺精湛、疗效显著"而享誉海内外。"吃同仁堂的药放心"是社会对同仁堂品牌的最高评价。

北京同仁堂是中药行业闻名遐迩的老字号。"昔日皇家御用，今日布衣贵族。"这句话是北京同仁堂历史地位和发展历程的真实写照。1669年（清康熙八年），乐显扬在北京创立了同仁堂药室。1702年，同仁堂第二代传人乐凤鸣在北京前门大栅栏路南开设同仁堂药铺。自1723年开始，同仁堂开始供奉御药，历经清朝八代皇帝共188年。300多年的悠久历史，造就了同仁堂独特而又深厚的文化底蕴。

同仁堂大门

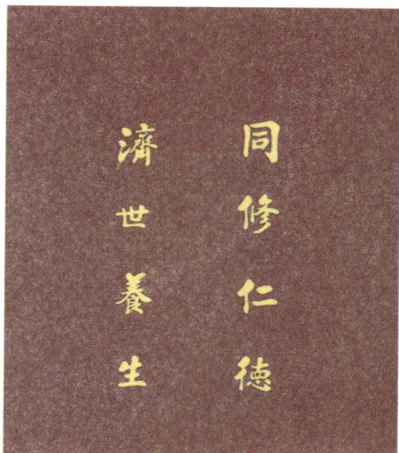
同仁堂经营理念

同仁堂

同仁堂是祖国传统中医药文化的继承者。中医药理论是祖国传统中医药文化的精髓，它吸收了中国古典哲学和儒家、道家思想的精华，特别强调"天人合一""辨证论治"的理念。同仁堂自创立伊始，就是在中医理论指导下生产和使用中药的，在实践中不断创新与提高。至清末，同仁堂有文字记载的中成药已多达500种，以医带药的模式传承至今。

20世纪90年代初，同仁堂为弘扬祖国的保健事业，把传统的中药保健医学与现代高科技生物技术融为一体，自主开发多种保健食品，包括洋参、燕窝、虫草、鹿茸、灵芝、鱼翅系列等300余个规格品种，其中47种产品荣获国家级、部级和市级优良产品称号。2004年度又荣获中国最具影响力行业十佳品牌。目前企业已通过GMP和GSP标准认证，这标志着北京同仁堂在生产、经营的规范化管理方面上了一个新台阶，向企业的可持续发展跨出了坚实的一步。

　　而同仁堂自进驻常熟华联商厦以来，坚持"品牌第一，品质第一"的宗旨，选用地道、纯正原料，其产品深受常熟广大消费者的厚爱，销售业绩年年攀升，是广大消费者春复秋冬养生保健首选的品牌。

　　供奉御药使同仁堂中医药文化独具特色。在供奉御药期间同仁堂以身家性命担保药品质量，采用最高标准的宫廷制药技术，磨炼出诚实守信的制药道德，使"炮制虽繁，必不敢省人工；品味虽贵，必不敢减物力"的古训得到了进一步升华，形成了"配方独特、选料上乘、工艺精湛、疗效显著"的制药特色，并得以世代弘扬。

　　同仁堂的价值取向源于"可以养生，可以济人者唯医药为最"的创业宗旨。它所体现的正是儒家思想的核心"仁、德、善"，因此，"患者第一，顾客至上"始终是同仁堂追求的最高境界。

　　北京同仁堂，这个承载着300多年历史、饱经沧桑的老字号，早已成为中医药文化的一个代名词。这个老字号之所以能历久不衰，其中蕴藏着深厚的文化内涵。从创立至今，北京同仁堂一直秉承自己的信念，把行医售药、名家坐店作为养生济世、回报社会的一项事业代代相传。而正是这种集"名店、名医、名药"三位于一体的独特经营模式，让它始终保持着旺盛的生命力。

人均消费：208元。

推荐去处：同仁堂（大栅栏店）。

交通导航：乘2路、5路、17路、20路、48路、59路、66路、120路、201路、203路、729路、744路、803路、819路、826路公交车在大栅栏站下车。

瑞蚨祥——中国丝绸第一品牌

北京瑞蚨祥绸布店开业于清朝光绪十九年（1893年），是享誉海内外的中华老字号，为旧京城"八大祥"之首。百余年来，"瑞蚨祥"始终在丝绸业及手工缝制行业中处于领先地位，始终贯彻"至诚至上、货真价实、言不二价、童叟无欺"的经营宗旨

在北京大栅栏商业街上，有一座西式巴洛克建筑风格的商店，每日门庭若市，车水马龙，吸引着八方来客。这就是名贯京城、驰名中外的中华老字号瑞蚨祥绸布店。北京城流传多年的歌谣"头顶马聚源、身穿瑞蚨祥、脚踩内联升"，就是对瑞蚨祥名满京城的生动写照。

瑞蚨祥创始人叫孟鸿升，是孟子后裔，济南府章丘县旧军镇人。他以经营土布开始，字号为万蚨祥。生意兴隆后，到上海、青岛、天津等地设立连锁店，经营规模逐渐扩大，品种也日益增多，增加了绫罗绸缎、皮货等高档商品。

而从第二代传人孟洛川开始，他们的生意做进了京城。在清光绪初年，由孟瓢侯在前门外鲜鱼口内抄手胡同租房设庄，批发大捻布。清光绪十九年(1893年)以后，洋布大量涌入我国，孟瓢侯向孟洛川建议，开设布店。孟洛川出资八万两银在大栅栏买到铺面房，正式开办瑞蚨祥布店。

瑞蚨祥

店内锦缎

到清末民国初年，瑞蚨祥已成为北京最大的绸布店，拥有五个字号，即东鸿记茶庄、瑞蚨祥总店（也称东号）、鸿记皮货店、西鸿记茶庄、西鸿记绸布庙（也称西号），均位于大栅栏街内。

然而好景不长，1900年八国联军进北京时，瑞蚨祥遭到洗劫，直到侵略者离开后才重建开业。恢复以后的瑞蚨祥仍然以货品纯正、花色新颖著称，并自行设计花样，派专人、选厂家"定产品"，还绣上"瑞蚨祥鸿记"字样，确立了自己的品牌。其优良的布匹、绸缎为海内外游客所称道。同时，开办的"传统服装服饰展"也是文商结合的典范。

1949年，历经沧桑的瑞蚨祥和大栅栏的许多老字号一样迎来民主的曙光、北平的解放。开国大典徐徐升起的第一面五星红旗就是用瑞蚨祥提供的红绸子制作的。从此，老字号瑞蚨祥从国民党统治的"每况愈下"中获得了新生。1954年底，瑞蚨祥率先实现公私合营，近几十年来它一直是首都劳动人民和中外游人喜爱的国营绸布商店。

改革开放以来，瑞蚨祥发扬了销售面料和帮助顾客加工服装相结合的好传统，在研制我国传统服饰方面付出了很多心血。尤其在加工展示东方女性和中国丝绸特有风韵美的旗袍上成绩裴然，一针一线精益求精，一款一式妙不可言，深受海内外华人女士的喜爱。近几年来，瑞蚨祥已有了自己的"品牌"，以神话中形似蝉的一对母子"蚨"为图案，申报注册了自己的标识。

瑞蚨祥在经营上坚持"至诚至上，货真价实，言不二价，童叟无欺"，从不迎合降价风，随波逐流；店员热情待客，介绍全面，服务周到；注重店容卫生和职业着装，讲究语言文明，绝无不干不净的秽言出口，为顾客创造一个舒适温馨的购物环境。

人均消费： 1005元。

推荐去处： 瑞蚨祥（大栅栏店）。

交通导航： 乘坐地铁2号线前门站下车可到达。

内联升——爷不爷先看鞋

北京内联升创建于清咸丰三年（1853年），是百年老字号。总店坐落在繁华的前门大栅栏商业街34号，以生产制作千层底布鞋而闻名中外。

内联升以制作朝靴起家，鞋底厚达32层。特色产品"千层底"鞋底，每平方厘米用麻绳纳8～10针，针码分布均匀，全部手工制作。它凝聚民族手工技艺的精华，别具特色和优势，反映了中华儿女优秀勤劳的品质，是中国鞋文化的代表作，也是中华民族的宝贵财富和珍贵遗产，具有极高的历史文化价值、经济价值和工艺价值。

老话儿说："爷不爷先看鞋。"北京人出门在外，没双好鞋那可不成。脚底有了劲儿，脸面上才有光。老北京的好鞋上哪儿买去？内联升啊。它创建于清咸丰三年（1853年），创始人赵廷是天津武清县人。他原来曾在一家作坊学得一手制鞋的好技术，还积累了一定的管理经验，精明地分析出当时北京制鞋业市场中朝靴店的缺乏，于是决定开店，专为皇亲国戚、文武百官制作朝靴，内联升由此创办。

"内联升"——"内"指大内即宫廷，"联升"示意顾客穿上此店制作的朝靴，可以在朝廷官运亨通，连升三级。

店址最初选在东江米巷(今东交民巷)。1853年的东江米巷，还没有发展成使馆区，但亦不是寻常店铺可以驻足之地。自明朝以来，朝廷就在此设置礼部、鸿胪寺和会同馆，负责接待前来朝贡的外国使节。内联升能在此立足，多是借了朝中达官的荫庇。

就这样内联升在东江米巷一待就是47年，直至1900年八国联军入侵，东江米巷被焚，它也在这次战火中被毁于一旦。赵廷为了恢复内联升而四处奔走、筹措资金，最终选址奶子府。

内联升大门

内联升一角

　　奶子府重新开业不到两年，又发生了袁世凯北京兵变，内联升在这次动乱中被抢劫一空。遭此打击的赵廷不久后去世，其子赵云书子承父业，将内联升搬到了廊房头条，在劝业场外租了个门面。从这次开始，内联升打破了前店后厂的传统，将鞋作坊设在了距离廊房头条不远的北火扇胡同。

　　1956年，公私合营开始，内联升又迁址到大栅栏街（现址）。

人均消费： 315元。

推荐去处： 内联升（大栅栏店）。

交通导航： 地铁前门站下车；或乘2路、52路、172路、202路、482路、592路、662路、120路、201路、203路、729路、744路、803路、819路、826路公交车在栅栏站下车。

全聚德——百年炉火烤出中华美味鸭

全聚德，百年老字号，以经营挂炉烤鸭而著称，而且以全鸭席、特色菜、创新菜、名人宴为代表的系列精品菜肴形成了全聚德海纳百川的菜品文化

　　"全聚德"的创始人是杨全仁。全聚德是我国著名的老字号，始建于1864年（清同治三年），经过100多年的不断发展与创新，形成了以全聚德烤鸭为代表，集全鸭席及400多道特色名菜于一体的全聚德菜系。全聚德烤鸭及其独具特色的饮食文化，已成为中华饮食文化的重要组成部分，享誉海内外。

　　到北京来旅游的人都知道这么一句话，不到长城非好汉，不吃烤鸭真遗憾。其实烤鸭的祖籍并不在北京。人们印象中代表北京的北京烤鸭，是在山东烤鸭的基础上发展来的，从烤鸭的"家谱"显示，其祖上"炙鸭"（又作灸鸭）在南北朝时期就已经很有名了。

　　烤鸭家族中最辉煌的要算是全聚德了，是它确立了烤鸭家族的北京形象大使地位。全聚德采取的是挂炉烤法，不给鸭子开膛，只在鸭子身上开个小洞，把内脏拿出来，然后往鸭肚子里面灌开水，然后再把小洞系上后挂在火上烤。这种方法既不因鸭子被烤而失水，又可以让鸭子的皮胀开不被烤软，烤出的鸭子皮很薄很脆，成了烤鸭最好吃的部分。严格地说，只有这种烤法才叫北京烤鸭。不管出炉多长时间，全聚德烤鸭的鸭皮不塌、香酥可口，鸭肉一点腥气都没有，即便放凉了吃，鸭肉一样香味醇厚，堪称真正酥而不腻。

　　而全聚德最具代表性的门店有前门店、王府井店、和平门店，过去由于归属不同，各自为战，攥不成一个拳头。1993年，北京市将所有全聚德门店联合，组建中国北京全聚德烤鸭集团公司，建立了规范的现代企业管理制度。老字号走上现代化发展的新路，企业的生产经营逐步开创出新局面。

全聚德前门店是"全聚德"品牌的起源店，始建于1864年，至今已有142年历史。这座店建筑面积5 000多平方米，餐厅营业面积2 000多平方米，可同时容纳1 000多人用餐。店内建筑风格古朴，美国前总统布什、英国前首相希思、德国前总理科尔、日本前首相海部俊树、古巴革命委员会前主席卡斯特罗、陈香梅女士、音乐家雅尼、卡雷拉斯等政界要人、社会名流都曾在此用餐，并纷纷题词留念。

为了挖掘传统文化，展示全聚德百余年的历史，体现地道的老北京民间风俗，增加参观的文化氛围，全聚德前门店打开老墙大门，设立一间仿古餐厅，最大限度地恢复了全聚德的历史原貌，并命名为"老铺"。打开老墙大门，展现在面前的是一间极具中国民族传统特色的旧式餐厅，建筑风格古色古香。木格门扇，木制楼梯，实木廊柱，营造出一间传统风味十足的餐厅。精心布置的老铺，使人仿佛置身于世纪之初的全聚德，体味到浓重的历史氛围。

全聚德和平门店是根据周恩来总理生前的指示选址兴建的，开业于1979年5月1日，是世界最大的烤鸭店。店内雕龙画凤、彩画金壁，配以现代装饰材料和手法，具有浓郁的民族特色，富丽堂皇，华贵高雅，是举办大型宴会、各种酒会的理想场所。

全聚德王府井店位于有"中华第一街"之称的北京王府井大街，原址为明代十王府。店内建筑以王府风格为主，设有豪华气派的宴会厅，可同时接待800余人用餐。据说，从现在全聚德王府井店的位置起向南到长安街上，过去住着大大小小不下10多个王爷，这一片都是王爷府，但早已被各种建筑物所代替。如果现在要找王府的影子，就要去全聚德王府井店。

人均消费： 160元。

推荐去处： 全聚德（前门店）、全聚德（王府井店）、全聚德（和平门店）。

交通导航： 乘坐地铁2号线前门店可以到达。

吴裕泰——好茶百年 香满京城

推荐星级：★★★

百年老字号"吴裕泰"始建于1887年，以经营茶叶生意为主，成为京城经久不衰的老字号之一。

吴裕泰茶庄原名吴裕泰茶栈，始建于清朝光绪十三年（1887年），创办人是吴锡清，安徽歙县昌溪村人，1930年去世。

清末，徽州歙县的吴老先生随从一位举人进京会试，出门时带了些茶叶。到了北京，举人忙着应试，吴先生空闲时就在北新桥大街路东的一个大门洞里摆起了茶摊，没几天茶叶便销售一空。细心的吴先生发现在内城这满汉居住最密集的地方，无论贫富贵贱，人们有事没事都喜欢喝茶。举人落榜后要继续留在北京苦读，等待下科再考。他派吴先生回歙县老家替他取些银两，吴先生回到家乡，尽其所能带回了大量的茶叶，正式开始了在北京的茶叶生意，地点仍是北新桥大街路东的门洞里。

吴家经过数年努力积累了一些银两，便把这个大门洞买下来，经过修缮，建成店铺门面。1887年（光绪十三年），茶栈正式悬匾开张，至今已有100余年的历史。当时吴裕泰茶栈以仓储、运输、批售为主。 为了扩大经营，吴家就把与这个大门洞后面相连的荒芜府第（约1万平方米）全部买了下来。吴老太爷重新修建整个院落，建成环绕群房50多间。在院落南端（骆驼胡同路北）还修建了宽大的门楼，京人称为吴裕泰大院。

清末时，吴锡清的生意越做越大，在京城先后开设了11家分店。吴锡清去世前，将所有产业平分成5份，分别写了5张字条，让5个儿子抓阄，谁抓到哪个就分到哪份产业。凑巧的是，5个儿子由大到小正好按顺序抓到了"仁""义""礼""智""信"。于是抓到"礼""智""信"的三兄弟就商议将各自分得的商店、房屋等财产重新合并，共同经营。为了方便管理，三兄弟组建了一个管理机构，起名"礼智信兄弟公司"。

　　公司创建之初，有礼记的吴德利茶庄（西号、北号），智记的吴裕泰茶栈、吴鼎裕茶庄，信记的协力茶庄和协顺香烛百货铺等6家商店。此外，三兄弟还把各房的数十万两银子交由公司统一管理。当时，在京城经营茶叶零售业务的茶庄都是从天津批发茶叶或依靠本地的批发商到产地去采购。礼智信兄弟公司从天津的茶叶批发业务中看到了巨大商机，就抓住机遇，实行外围重点发展的战略，将茶庄开到了天津，在天津北大关一带开设了天津裕升茶庄。此外，其还在离北大关不远的地方另修建了一栋3层楼房，作为仓库和员工宿舍。裕升茶庄主营茶叶批发业务，发展速度极快，单是员工就有200多人。

　　抗日战争爆发后，"吴裕泰"开始走下坡路，经营大不如以前。新中国成立后，"吴裕泰"重新焕发生机。1955年，"吴裕泰"实现公私合营，并更名为"吴裕泰茶庄"。1995年"吴裕泰"在茶庄旁开设了"吴裕泰茶社"。1997年初组建了北京吴裕泰茶叶公司，从此走上连锁经营之路。

　　"吴裕泰"制茶始终保持自采、自窨、自拼的"三自"特色，对质量要求极为严格。"吴裕泰"经营的茶叶都是派人从产茶之地采购回来，然后送入加工厂进行窨制；把窨制好的茶叶送到茶店后，再按祖传的比例将各茶进行拼配，并反复品尝，以使茶叶色、香、味俱佳。

　　经过百余年的发展，"吴裕泰"已经成为拥有100多家连锁店、一个茶叶加工配送中心、一个茶文化陈列馆、一个茶艺表演队和三个茶馆，年销售额超过亿元的中型连锁经营企业。

第11章

时尚与魅力的代言人

三里屯Village——光怪陆离夜世界

午夜三里屯的夜生活，吃喝玩乐随您意愿来吧。

Villag是村庄的意思，而三里屯Villag并非地处村野，相反，它位于北京市繁华地段，代表了当今都市的一种别样生活情调。若使用汉语贴切地表达三里屯，它更倾向于一个新奇聚落。

三里屯village

　　三里屯Village是开放式购物区，它位于北京工体北路与三里屯路交汇处，占地5.3万平方米，建筑面积17.2万平方米，由19座低密度的当代建筑布局而成，分为南、北两个区域，既与周边建筑融合在同一个区域之中，同时也保持着相对的独立性。三里屯Village本身代表的是一种人文风尚汇，所以这里一切以人为核心，让人们在此除了享受美食、购物和自在玩乐外，还可以创造艺术和引领时尚。三里屯Village所特有的生活理念和文化，给人们带来一种独一无二的潮流体验。

　　同里的夜市：三里屯Village后街的那条隐秘的小路上，有一个绝对震撼的夜市，每晚都在最嘈杂的声音中度过。在同里门前这条不足百米的小路上，聚集着大小20多间酒吧、30多家餐厅，还有各种各样奇形怪状的小店，从贩卖DVD的小贩到麻辣烫推车，能想到的五味生活这里全有。正是有了这条热闹的街市，才有很多人在午夜刚过就赶来三里屯，在这条街上吃吃喝喝。

　　鱼邦(三里屯店)：顺着同里的夜市向北走去，左转走一小段路就是鱼邦了。鱼邦，被午夜出没在三里屯的人称为Fish Nation，这里是一个鱼的国度。尽管店家的地址有些隐蔽，但是依然阻挡不住人们对于美味的热情。炸鱼和薯条是鱼邦的主打，甚至可以被看作唯一的。源自英国的炸鱼和薯条快餐很满足北京人的口味，刚刚出锅的炸鳕鱼鱼排需要佐以白酱，比美式快餐宽大不少的薯条的伙伴是甜味的番茄酱。看着窗外永远不会安静下来的三里屯的夜晚，没有什么比此刻在鱼邦休息一下、吃点小吃来得更惬意了。

　　在三里屯Village，艺术是流动的，遍布在这里的大街小巷，总是不经意地看到艺术家的创作细节。当你走过胡同，你可能会发现雕塑家正在舞动刻刀，或是街头画家正微笑着向你打开画板；看到溜冰场上孩子们嬉笑追逐，变幻的喷泉，以及从你身边走过的那对相依的身影……

交通导航：乘坐特16路、113路、431路、701路、758路、416路内环、416路外环、115路等公交车。

"798"艺术区——老厂区绽放新艺术

"798"是一座由老厂区改造而成的时尚艺术区，堪称北京文化创意产业先行者。

斑驳的红砖瓦墙，错落有致的工业厂房，纵横交错的管道，墙壁上还保留着各个时代的标语。马路上穿着制服的工人与打扮时尚前卫的参观者相映成趣，历史与现实、工业与艺术在这里完美地契合在一起。这里就是北京798艺术区。

798是国内名声最大也最成熟的艺术区，它位于北京朝阳区酒仙桥街道大山子地区，故又称大山子艺术区，面积60多万平方米。

这里原是798厂等电子工业的老厂区，后来艺术家和文化机构进驻，经过改造逐渐发展成为画廊、艺术中心、艺术家工作室、设计公司、餐饮酒吧等各种空间的聚合。

798艺术区标志

艺术区内景

穿梭在艺术和工业之间，精致与粗犷并存，798艺术区形成了具有国际化色彩的"SOHO式艺术聚落"和"LOFT生活方式"，使人感受到生活与精神的冲撞。

798里面有大量艺术空间、咖啡馆、餐厅和小店，无论何时去，都有很多惊喜等待着你……

北京季节咖啡店：它是艺术区里最值得去的法国家庭式小酒店。店主温森曾是北京一家著名法国餐厅的总经理。他15岁起在法国巴黎学习烹饪和管理。店里法国煎饼很地道，可以与肉和菜，或与冰激凌和水果一起吃。

北京季节画廊：它是艺术区内面积最大的专业画廊，还专门为住在房顶的麻雀开了天窗。这里有时候会放映最新的纯艺术欧洲电影，在北京其他地方是绝对看不到的。

798里还有许多其他值得你去游览的地方，如ebeecake蛋糕坊、七酒吧料阁子、感叹号艺术空间等。

门票信息： 免费。

开放时间： 10：00—17：00。

交通导航： 401路、402路、405路、445路、909路、955路、973路、988路、991路公交车，大山子路口南下车。

金宝街——豪车总动员

金宝街，取名于金鱼胡同与雅宝路，其字面的美好寓意也折射了开发商始终坚持的高端商务圈的定位。

推荐星级：★★★★

金宝街位于北京市东城区王府井附近，东起东二环西至灯市口。

汇聚了世界顶尖品牌的北京金宝街，想要给消费者传达的是一种高端的、纯粹的、富有世界优秀文化背景的生活方式。如同雕琢一块璞玉，为了打造北京金宝街，香港富华国际集团已经花费了10年时间。

金宝街

作为1998年北京市赴港招商签约项目、北京市60项重点工程之一的北京金宝街——这一从王府井金鱼胡同到雅宝路的730米长的大街，目前可以比肩纽约第五大道、巴黎香榭丽舍大街、伦敦新庞德街等国际水准高端商业街。

在金宝街上，豪华酒店、顶级会所、高档购物中心、甲级写字楼，以及酒店式公寓等各类高端物业功能互补，金宝街成为吸引众多高端品牌汇聚的商业地产平台。

金宝街还是名车汇集之地。2009年7月左右，全球首家布加迪展厅在金宝街开业，同时全亚洲最大的兰博基尼展厅、阿斯顿·马丁展厅也同时开业。金宝街成了北京乃至全国最牛的豪华车一条街。金宝街有劳斯莱斯、法拉利、兰博基尼、阿斯顿·马丁、宝马M系和Z系、布加迪、帕格尼、柯尼塞格等展厅，不远处，还有奥迪展厅。

奥林匹克森林公园——向上精神的焕发

推荐星级：★★★

奥林匹克森林公园已经成为北京市民的一个户外大氧吧，很多运动爱好者都在周末前来跑步、健身

奥林匹克森林公园位于贯穿北京南北中轴线的北端，处在奥林匹克公园的北区，是目前北京市规划建设中最大的城市公园。这里不仅是城市的生态屏障，也是2008年北京奥运会期间各国运动员、教练员和奥组委官员的休闲后花园。奥运会后，为了推动奥运场馆和设施的利用，给市民提供一个休闲娱乐的城市园林，森林公园经过了短暂调整，2008年10月26日南园正式免费向市民开放，2009年9月30日北园对外开放，实现了全园免费开放的目标。

公园模拟了北京当地乡土生态环境及植物自然群落的组合规律，使公园的生态系统实现良性循环，为游人提供一个巨大的天然绿色氧吧。其现有绿化面积4.78平方千米，水面0.677平方千米；乔灌木55万余株，植物品种280余种，绿化覆盖率95.61%，年产氧量5208吨，成片树林可降低噪声26～43分贝，林地年蓄水量约65万立方米；空气湿度比城市其他地方高27%，夏季温度比城市其他地方低3～5℃，冬季高2～4℃。这里为众多生物提供了一个生存的空间，尤其是为鸟类提供了栖息地，对改善城市气候环境，维持自然界生态平衡，提高城市的生态承载力有着举足轻重的战略意义，是北京当之无愧的"绿肺"。

奥林匹克森林公园南园"主山主湖"，是森林公园的标志性工程，主山体以398万立方米土方堆砌填筑而成，与北京西北屏障——燕山山脉遥相呼应；主湖区"奥运湖"和景观河道构成了奥林匹克森林公园中的"龙"形水系，67.7公顷的水面超过了半个昆明湖。南园比北园景点多，而且南园景点颇具看点，在仰山看日落月出和奥林匹克村全景非常美，在奥海南岸看绿色仰山像梦幻仙境。

奥林匹克森林公园中的向日葵园

门票信息： 免费。

开放时间： 淡季：7：00—19：00；旺季：6：00—20：00。

交通导航： 乘坐地铁8号线，森林公园南门站下车。

动物园服装批发市场——淘宝青年汇

北京动物园服装批发市场远近驰名，所以很多人都会慕名而来。

北京动物园批发市场是北方地区最大的服装批发集散地，这里所售的衣服种类之多，品种之全，范围之广，远远超乎你的想象。

这里的批发市场主要拥有以下几个大的服装批发市场：东鼎、天乐、众合、天皓城、金开利德、世纪天乐等。

东鼎：北京东鼎服装商品批发市场位于北京市西城区西直门外大街，营业面积达8 000平方米，拥有摊位600余个。商户层次多样化，经营商品以中高档次的服装批发为主、同时兼营鞋类、箱包、小百货等商品。

金开利德：北京金开利德服装批发市场位于北京动物园公交枢纽四达大厦，占据着北京动物园商圈最有利的核心位置，面积为4万多平方米，拥有2 500多个商铺，荟萃了众多国内外知名服装品牌，是集休闲、娱乐、餐饮、购物、旅游等功能于一体的现代化服装批发市场。

天皓城：北京天皓城服装批发市场位于北京动物园大门东侧，始建于2007年，是一个新兴的批发市场。天皓城服装批发市场一共四层，一、二层主营外贸服装，兼卖童装和休闲衣服；三层被誉为韩国城，到处洋溢着韩国服饰的气息，以女孩服饰为主，款式新颖流行。

世纪天乐：北京世纪天乐国际服装市场2005年8月开业，拥有11 020平方米建筑面积，84 180平方米停车场，200个小车停车位，10余个大车停车位。世纪天乐分为A座和B座，两个主体建筑中间相连。A座一至五层，主要经营外贸服装。B座1～2层经营女装，3层经营外贸男装、牛仔，4～6层主要是精品服装展示间、6～10层主要是写字间，20层还设有一个多功能厅。

由于服装批发受季节因素影响很大，所以动物园服装批发市场中服装的样式款式、价格就会随季节的变化而变化。这里的批发商家为了不积压货物，积极地占有市场，一般会在季节结束前一个月左右抛售过季的货物，主打新一季的服装。

北京动物园批发市场还有一个特点，就是关门早，开门早。一般早晨6点左右就已经开门营业了，早晨的时间基本上是批发商进货的时间，购物量和人流量都很大。所以如果是个人购买的话，最好避开这个高峰期，过了高峰期，上午10点以后的时间基本上就是购物的黄金时间了。

门票信息：无

交通导航：地铁4号线、104路、814路、特4路、808路、334路、15路、7路、716路、103路、19路、65路等动物园站下车。

秀水街——北京城的"民间贸易中心"

推荐星级：★★★

秀水街市场地处长安街延长线，紧邻国际CBD商圈，地理位置显赫，交通便捷，是与长城、故宫相齐名的中国最具世界影响力的国际旅游购物市场

　　秀水街是中国较早的自由市场和最著名的商业品牌，成立于1980年，与中国的改革开放相伴相生。一开始秀水街只是零零落落的几家商铺，散落在一片

秀水街

使馆和外交公寓中间，当时附近住户不多，消费市场未被看好。不曾想10年以后，它已是海外游客争相前往观摩购物的"民间贸易中心"，甚至有经济学家称之为"用改革开放的剪刀裁剪出来的21世纪清明上河图"。

秀水街是最具多国语言文化交流现象和自由侃价特色的综合性商业街市。市场总建筑面积约2.8万平方米，主要经营商品有鞋、箱包、皮具、品牌服装、休闲服饰、童装、领带丝巾、丝绸、蜡染、工艺品、珠宝、古玩字画、钟表眼镜、北京烤鸭、特色小吃等。"实在价格，国际品质"是秀水街1000余家商户的经营宗旨。秀水街的硬件设施也十分完善。地铁入口直达楼内，周边公交线路四通八达，前后广场可停留几十辆大型旅行车，地下三层提供充足停车位。消防监控中心实现数字化，保安监控中心24小时对全楼进行监控，保证了每一户商家商品的安全。数字化网络系统保证了商户可以随时上网，又实现管理网络化。

"登长城、游故宫、吃烤鸭、逛秀水"，北京秀水街，与长城、故宫、烤鸭这些"北京象征"一起，成为很多海内外游客到北京旅游的一个地标。

附　录

8条最值得推荐的北京自助游线路

线路1：前门 — 天安门广场 — 人民大会堂 — 故宫

早上可以先在天安门广场看升旗，感受世界上最大的城市中心广场，看一看人民英雄纪念碑、人民大会堂、毛主席纪念堂等。之后可以逛一逛前门大街，它是北京最著名的商业街之一。下午可以前往故宫博物院，感受下当年皇家王朝的文化与恢宏的气势。

线路2：景山公园 — 北海公园 — 恭王府 — 后海

上午先去游览景山公园。景山公园南与故宫神武门隔街相望，是明、清两代的御苑。从景山公园离开，可前往位于故宫西北的北海公园，它是我国现存最悠久、保存最完整的古典皇家园林之一，建议游览2～3小时。中午吃完午饭稍事休息，下午前往现存王府中保存最完整的恭王府，它原为清朝权臣和珅的宅邸。傍晚时分来到后海，逛一逛酒吧，吹吹风，聊聊天，很是惬意。

线路3：香山 — 圆明园 — 颐和园 — 北京大学 — 清华大学

一大早可以前往北京西郊，游览"世界名山"香山。秋天的时候，这里还是赏枫的胜地。之后可以前往圆明园，看看八国联军留下的残垣断壁。下午的行程从颐和园开始。颐和园是我国现存规模最大、保存最完整的皇家园林，游览时间建议在4小时左右。出了颐和园，不远处是中国两所著名的高等学府：北京大学和清华大学，有兴趣的游客可以体验一下其中的氛围。

线路4：鸟巢 — 水立方 — 奥林匹克公园

这是一条让人体验奥运文化的主题线路。鸟巢，即国家体育场，位于奥林匹克公园中心南部，是2008年北京奥运会的主体育场，这里曾举办过多场重要赛事。水立方，即国家游泳中心，是2008年北京奥运会标志性建筑物之一。除了鸟巢和水立方外，奥林匹克公园内还有很多其他的建筑可以去游玩欣赏。

线路5：天坛 — 王府井 — 大栅栏

天坛，即天坛公园，位于东城区永定门内大街东侧，是世界文化遗产，全国重点文物保护单位，国家5A级旅游景区。在这里，可以花上一上午的时间散步、游玩。下午可以逛一逛北京著名的商业街——王府井大街和大栅栏。王府井的日用百货、五金电料、服装鞋帽、珠宝钻石、金银首饰等，琳琅满目，商品进销量极大，是号称"日进斗金"的寸金之地。大栅栏已有500多年的历史，如今这里有瑞蚨祥绸布店、内联升鞋店、六必居酱菜店、同仁堂、张一元茶庄、长春堂、月盛斋熟肉店等。

线路6：八达岭长城 — 十三陵

俗话说"不到长城非好汉"，来到北京怎么能不去登一回长城呢？八达岭长城位于北京延庆，是明长城最具代表性的一段、居庸关的前哨，海拔高度1015米，地势险要，向来是兵家必争之地。登上八达岭长城，居高临下，便可尽览崇山峻岭的壮丽景色。十三陵即明十三陵，坐落于北京市昌平区天寿山麓，是明朝迁都北京后13位皇帝陵墓的总称。

线路7：798艺术区 — 三里屯

798艺术区位于北京朝阳区酒仙桥街道大山子地区，在这里可以花上半天时间，欣赏画廊、设计室、艺术展示空间、艺术家工作室、时尚店铺、餐饮酒吧等众多的文化艺术形式。夕阳西下，夜幕降临，三里屯便开始热闹起来。三里屯酒吧街是北京夜生活最"繁华"的娱乐街之一，是居住北京地区的老外们以及国内名流大款经常光顾的地方。

线路8：南锣鼓巷 — 帽儿胡同 — 百花深处

北京拥有一种独特而鲜明的文化——胡同文化，来到北京，一定要去这些大大小小的胡同中行走一番，才不虚此行。南锣鼓巷位于北京中轴线东侧的交道口地区，至今已有740多年的历史，是北京最古老的街区之一。帽儿胡同位于北京市东城区西北部，是当今北京城十大胡同之一。百花深处胡同东起护国寺东巷，西至新街口南大街，是北京街巷名称极雅者。